それでも女をやっていく

ひらりさ Hirarisa

それでも女をやっていく

Introduction

それでも「女」の話がしたい

自分は「女」だと最初に感じたのは、いつのことだろう。

他人の裸を見たとき？　初潮が来たとき？　ブラジャーを付けはじめたとき？　痴漢されたとき？　男とセックスをしたとき？　生殖に関わる区別・変化を知ったときや、異性からの欲情の対象となったときに節目があったのだ。そう振り返れたならば、わかりやすくてきれいな物語ができあがるのかもしれない。

それらが大切ではないとは言わない。しかし、それらばかりが通過儀礼のように強調されていると、違うだろうと叫びたくなる。わたしが「女」になる上で大きな役割を果たしたのは、もっとぼんやりとした細かな出来事に、相槌《あいづち》を打ち続けさせられる日常そのものだったと思う。平成元年生まれの東京育ちで女子校出身。地方出身者や親の世代に比べれば、よほどのびのび育ったはずだ。それでもライターとして、オタク女子へのインタビューに始まり、さまざまな女性の人生を聞く企画や同世代の女性を読者と想定したエッセイ執筆を重ねるうち、自分自身の過去も、ふと思い出すようになってきた。微小だけど、心に傷を残している棘たちを。

学芸会で動物園の園長役に一人だけ手を挙げていたのに、「園長の威厳《いげん》が出せない」という理由で、立候補していない他の男子にその役が振られたこと。「女は大学に行かなくていいと言われてつらかった。同じ思いをしてほしくない」と母親に言われ、中学受験塾に通いだしたこと。

私服OKの女子校に入学したら、市販の「なんちゃって制服」を着て〝女子高生〟らしくするのが流行っていたこと。大学のクラス合宿で女子ばかりが飲み会の片付けをしていたこと。友人として気の合う男子と並んで授業を受けていたら「いつから付き合ってるの?」と交際前提で話を振られたこと。他の女子学生と比べて容姿を品定めされても言い返せなかったこと。

将来いっしょに住もうと言い合ってペアリングを買っていた女子校時代の同級生に、彼氏ができたこと。新卒で入社した会社で「おじさんを転がせると思って雇ったのに」と罵倒されたこと。いつも一人で飲んでいる街で知人男性と飲んだら、「このあたりの夜道を一人で帰ったら危ない。タクシーで帰ってほしい」と強く言われたこと。

向こうからするとよかれと思ってとった言動も多い。女であることの不自由さからわたしを逃がそうとした人の言葉に、むしろ性別を刻まれるなんて、皮肉だ。

どうしようもなく外れていると感じたりどうにか抗いたくなったりしたこともあった。思春期にボーイズラブを貪り読んで〝腐女子〟というアイデンティティにこだわるようになったのは、わたしの場合、間違いなく「女」への抵抗だった。同性の友人へのわりきれない感情をどう呼べばいいか悩んだのも、おそらくそうだ。

女の子は足を閉じて座る。ああ、そんな格好してお腹を冷やしたらだめでしょう。女子は勉強ばかりするより、身嗜みとか愛嬌とかが大事だよ。いや、逆に今の時代は勉強して手に職つけないと。シングルマザーになったら本当に大変なんだから。いやいや、会社が求めるのは、おじさんを転がす能力。他になんの実績もない若い女が、それくらい武器にしないでどうするの？

九九を覚えるのが面倒くさくても、こんなものはおかしいと拒否する人が少ないように、性別をめぐるルールは、子供の頃から刷り込まれ、当たり前のものとして身につけさせられる。時代を経てだいぶ減ったのはわかる。守っても守らなくてもいいという認識も広まってきた。〝ノンバイナリー〟など、自身のあり方を既存のジェンダーに当てはめない生き方をする人の存在も認知されてきた。

それでも男女を分ける慣習に沿っていたほうが、人生はたやすいように思える。だって、みんなに「女」だと思われているわけだから。わたしは「女」なんだから。そういうものなのだと思って育ち、自分が人間であるというより「女」であることを認めさせられていく。それらはもはや空気のように透明でありふれていて、普段は意識にのぼってこない。家を出たら自然と扉を閉め鍵をかけるように、わたしの心と身体はすでに「女」という概念に合わせた流れの中で生きている。

言いようのない気持ち悪さは、時折顔を出す。「女」をうまくやれていないのではないかと疑心暗鬼になる瞬間も、あまりにもなめらかに順応しすぎたように感じる瞬間も、どこかへ逃げ出したくなる。過去無数に押し付けられてきた、そして今もいろいろな形でわたしの心と身体にまとわりつく「お前は女だ」というラベル。みんなほどきれいに貼れていないのを見て落ち込んだり、うっとうしくなって剥がしてみたり、それでも結局また貼り直して、よれてしまったり。そのラベルがわたしの個別性を消し去ってしまうと怯えるときもあるけれど、30年を過ぎると、試行錯誤の過程こそが、個別のこのわたしを作り上げてきたという実感も出てきた。

わたしは「女」のことを考えるのが嫌いではない。ボーイズラブと恋愛、コスメと美意識、仕事と推し活。わたしが書きたくなることは、どれを掘り下げても「女」につながっていく。萌えや好奇心から飛びついたものが、ジェンダー／セックスと社会のあり方への関心に着地する。わたしの萌えも好奇心も結局、わたしが「女」の着ぐるみに閉じ込めてきたものの叫びなのだ。数年前から同人誌で『女と女』と名付けた、現実の女同士の関係性を綴ってもらう匿名エッセイアンソロジーシリーズを刊行している。「もっといろいろな女と女の関係に萌えたい！」というミーハーな百合趣味から始まったのに、最新号では家父長制への批判が埋め込まれた「母と娘」特集にたどりついた。フェミニストを真正面から名乗ることにいまだに抵抗がある弱腰のくせに、会社をやめていきなりイギリスの大学院に留学し、土台知識がほとんどゼロでジェンダー論専攻の修士課程に入るという血迷った行動にも出た。

本書は、これまで無数の女性の人生を聞かせてもらってきたわたしが、初めて、自分自身とジェンダーやセクシュアリティをめぐる葛藤に向き合うエッセイ集だ。

他人にさんざん女の話を聞いたり書かせたりしておいて、正直、自分の人生を語ることには、めちゃくちゃに抵抗があった。面白いのかもわからなかった。正しくない思い込みがたくさんあるだろうから、それも不安だった。我ながら、でこぼこで傷だらけの、変てこな本だとは思う。自分の中の、「女」への自認もためらいも憎しみも愛着もすべて、全然解体できていない。ただ、そういう、自分の中の「女」を見きわめきれていないわたし、世界を覆う二元論《バイナリー》的な価値観に引きずられて生きながらもそんな自分に屈託は感じ続けているわたしだからこそ、何か、「まだ足りていない、いろいろな女性の話」をこの世に一つ加えられるのかもしれない、と今は考えている。

この本ではわたしが、今はそれなりにうまく被れるようになってしまった「女」の着ぐるみに押し込めて、忘れたふりをしていたことを書いていく。学校で刻まれた「かわいくない」ことへのコンプレックス、腐女子であることの開放感と屈託、長く性経験がなかったことで抱いていた劣等感、「若い女」の役割をまっとうできずに罵倒された日々の苦さ、結婚や家族システムをめぐるモヤモヤ、周りの女たちへのひとりよがりな執着など。読む人によってはとても歯切れが悪く感じるだろうし、いらいらするかもしれない。同じところをぐるぐる回っているようにも思われるだろう。

でも、読んだあなたが「ああ、私も似たようなことがつらかった」と心が軽くなったり、逆に「全然わかんない。私だったらこう思う」と自分の話を誰かにしたくなったりしたら、とても嬉しい。そうして、さらに「いろいろな女の話」がこの世にもっと増えてほしい。まだまだ全然、足りないから。

今はとりあえず、わたしの話から始めよう。

Contents

Chapter

1

「女」がわからない

「ほとんど男子校」だった大学で

「女」であることが嫌いではなかった。ピンクが好きだし少女漫画が好きだし、レースやフリルにうっとりする。中学・高校は女子校を選んだ。じゃあ、いつからこんなに身体が重たいのだろう？　そうだ、大学に入って「男」に囲まれてからだ。

女子大に通っておけばよかったな、という気もする。ただ別に女子校が天国だと思っていたわけではないし、大学を出たあとの衝撃が大きくなっていた可能性もあるだろう。自分の学力で行けるところまで行きたいという、野心があると言えばあるし、中身がないと言えば中身がない理由で、国立大学しか視野になかった。高校時代に両親が離婚して母親に引き取られた家計の都合もあった。

そうして入ってしまったのだ。「2020年までに学生の女性比率30パーセントを目指す」と平成に宣言しながらいまだに達成していない大学、東京大学に。

男女比5対1の世界

東京大学では、一〜二年生はみな教養学部に所属して一般教養科目を学び、三年に上がる前に「進学振り分け」を受ける。それまでの成績に応じて、専攻の希望・決定が行われるシステムだ。とはいえ全員が平等に成績を審査されるのではなく、科類によって、学部・学科に対する進学枠が多少制限されている。理科三類入学イコール医学部医学科と言ってよいのは、そのためだ。教養学部の段階でも、科類から想定される専攻につながる科目を受けることが多いため、学生たちは、科類が近い人々と授業を受ける。特に第二外国語については、科類ごとのクラス分けが行われ、以後オリエンテーションや飲み会も、このクラスを基準として開催される。

わたしは文科一類に合格していた。6年ぶりの共学ライフということで、初々しく緊張していたのだが……振り分けられた自分のクラスは、想像以上に未知のコミュニティだった。文科一・二類合同の中国語クラスの男女比は、5対1だったのだ。30人のクラスに、女子学生はわずか5人。「東京男子大学」という揶揄《やゆ》を聞いたことはあったが、まさか「ほとんど男子校」な世界を過ごすことになるとまでは、当時のわたしは覚悟していなかった。

女性比率20パーセント以下の大学に入ったんだから当然の数字だろう、と思うかもしれない。厄介なことにこの女性比率、科類ごとになかなか偏りがある。例えば文三フランス語は男女同数のクラスが多く、逆に男性が多い科類のマイナー選択である理一ロシア語には、女性が一人というクラスもあった。

同数であれば、役割を担いたい人だけが〝男子〟〝女子〟をやればいいし、むしろ女が一人ならば、他の人たちは彼女を彼女個人として見るのではないか。勝手な推測に過ぎないが、当時のわたしは自分のいる男女比5対1の世界が、一番生きづらく感じた。完全に無視されることはないが、時々忘れられる存在。おそるおそる扱われるかと思えば、その見返りを求められる存在。大枠のノリが〝男子〟によって決められているときは大人しく黙っていることを望まれるのに、飲み会の頭数だったり、文化祭の店番シフトだったり、会話においての受け役だったりというときには、〝女子〟の役割をまっとうすることを期待されるのが嫌だった。

入学してまもなくの頃、クラス飲み会の最中で行われたあのビンゴ大会は、生涯最悪の瞬間ランキング上位に今でも君臨している。

「5位の景品は……ボックスティッシュ！　って、おい～（笑）」

ティッシュが当たったことの、何がそんなに面白いというのか。一瞬怪訝に思ってから、クラスの中でも、同じ中高一貫男子校出身の人間が数人爆笑しだしている意味、中には女子のほうを見遣って忍び笑いしている者がいることに思いをめぐらせたわたしは、やっと理由に思い至り、愕然とした。上品な読者のために念のため説明しておくと、男性のマスターベーション用という意味合いでボックスティッシュが景品に選ばれて、ギャグとして騒がれていたのであった。「わかるかな～」「いや～」と声を潜めている彼らを尻目に、その場を去れたならどんなによかっただろう。他の女子とアイコンタクトでそうした機微を共有しあうほどにはまだ仲良くなくて、彼女たちがわかっているのかわかっていないのかも判別できなかった。

　わかっていてもわかっていなくても、その素振りをはっきり見せたら、彼らにとって格好のエンターテイメントとなったことだろう。下ネタで笑う空気も嫌だったが、そこに多分にあった、男だけの内輪感、その内輪を盛り上げる装置として使われている外野としての自分、という状況が嫌だった。深夜終電で降り立った地元駅でドロドロの吐瀉物をうっかり踏んでしまったときの気分だった。吐いた奴が悪いのだが、回避できずにこんな目にあっている自分という存在が悪い、という気がしてくるあれ。そんな世界への行き場がない怒りに支配された。金輪際クラスの飲み会に参加するまい、と固く誓ったし、実際彼らもノリが悪くてもっさりしたほうの東大女子には本当は興味がなかったと思うのだが、「今度の飲み会、他の女子来られないらしいんだけど、どう?」というお伺いはたまに来るのだった。マイノリティへの気遣いではあっただろうが、お互い不幸なコミュニケーションだった。

　彼らはたぶん、全然みんな、悪い奴らではなかった。「そういうふうに育っちゃった」からそうだったのだろう。当時のわたしも不快なときに何が不快かを言わなかったのは、悪かったのかもしれない。しかし、どのテニスサークルにかわいい子が多いかというような話ばかりしていて、クラスの女子にもうっすらアリとナシの線引きをしている人たちと、何かをわかりあいたいとも思っていなかった。大学は、わたしに「女子」を貼り付けて、「わたし」を奪う透明な嵐が吹き荒れる場所だった。わたしは、女子学生比率が高い上智大学に行った友人のところに頻繁に遊びに行き、上智の女の子たちと学生食堂でごはんを食べ、上智の学食で中国語の宿題に取り組んでその嵐をやり過ごした。

クラスで楽しく過ごすことは諦めたが、学生団体・サークル活動に精を出したら、苦痛はだいぶ和らいだ。所属していた学生新聞団体も女性はさほど多くなかったものの、とにかく毎週4ページの新聞を作り販売するという業務に全員が目まぐるしく追われていたから、性別なんて気にしている場合ではなかった。デスクを務める男女二人が編集会議で一歩も引かない本気の喧嘩をしていることもあったし、ボロボロと人がやめていった同学年でたまの飲み会をやるときは、まるで村の寄り合いのような鄙《ひな》びた空気があった。

逆に、文科三類さながら、男女比がほぼ1対1で保たれている茶道サークルにも所属していた。女の存在が当然のソサエティだったから、誰も殊更《ことさら》にわたしにそれを求めてこなかった。サークル内での交際は当然盛んだったし、なんなら茶道というのは他校との交流ありきだったので、他校の女子学生との浮名を存分に流している人もいたが、それは個人個人の振る舞いであり、サークル全体の風潮として押し付けられるものではなかった。おかげでなんとか4年間を生き延びられた。

差別的なジャッジにさらされて

法学部に正式に進学したあとも、「吐瀉物踏んで自己嫌悪」は都度あった。大体は心を無にしてやり過ごしたが、一度、そこに隠れていたナイフの刃先が刺さって精神的に致命傷ぎりぎり、みたいなことが起きた。

大学四年のはじめ、ある日のゼミに、美容院で髪をボブカットにしてから行ったときのことだ。そのゼミのメンバーは概ね勉強熱心で、余計な雑談も少なかったのだが、一人非常に〝男子校出身〟的な男子、つまり、テニスサークルに所属しそこで彼女を作り、司法試験に通ったら当然渉外事務所で初年度年収1000万円をゲットするぞと息巻いている、常に他者をジャッジすることにためらいがない男子がいた。彼はテニサーに難なく溶け込んでいるタイプで、すでに彼女もいるし、ゼミの中でアリ／ナシをジャッジをするほど浅ましい人間ではない、とわたしは思っていた。だから油断していたのだ。「髪切ったの？」と彼が話しかけてきたとき、わたしは「うん、そうー」と答え、あまつさえ「ちょっと後ろ向いてくれる？」という要求に対しても、素直に応じてしまった。まさかそのあと、全身にゲロをぶちまけられるとは思わずに。

「ねえねえ、みんな見てよ。後ろから見ると、タカハシさんとそっくりじゃない？」

タカハシさんとは、ゼミに所属している、学年でも人気の美人の名前だった。たぶん、彼にはわたしを馬鹿にする意図はなかったのだろう。ただ、女の見た目を自由に品評できると思っていて、前から見たら似ても似つかない二人が、髪型一つで同じになることが面白くなってしまっただけなのだろう。それは別にそれほど面白いことではなく、かといって目くじら立てて抗議するようなハラスメント発言にも聞こえないものだった。同意を求められた他の男子たちも曖昧に笑って流し、その時間はすぐに過ぎ去って、いつの間にか他の女子たちも教室に来ていて、先生も来て、ゼミはいつも通りに終わったはずだ。わたし自身、曖昧に笑って、席について、みんなと議論をして、家に帰った。でも、生涯最悪の瞬間ランキングにおいて、この出来事は、飲み会ボックスティッシュ事件よりもはるか上位に君臨している。こんなにも恥ずかしげもなく、意地悪さもなく、「男は女の顔をジャッジしていい」というゲロを浴びせられたのが、むしろショックだった。わたし個人に対する敵意や悪意ならまだ許せた。彼は単に思ったことをとしてそれを言う権利が、自分にあると思っているだけだった。そういう人間と同じ空間にいるのが、やるせなかった。

怒れなかった本当の理由

本当はあのとき、わたしは怒らなければならなかった。それができなかったのは、あまりにもショックだったのもあるが、きっとわたし自身が、心の中で自分も含めた人間をアリ／ナシに分けていたからだとも思う。彼がわたしをナシとするのは客観的に正しいがその言い方はないだろう、と感じていただけなのだ。思っているのと口に出すのには果てしない差があるとしても、わたしと彼が同種の人間ではない、とまでは思えない。男だったら同じように、アリ／ナシで笑っていたと思う。女の自分も曖昧に笑っていれば、女としてナシだとしても彼らの仲間に入れるような気すらしていたのだろう。「男」のできそこないとして。

しかし、やはりわたしは男ではない。

常に正しく振る舞えているわけはないだろうし、取りこぼしてしまっている部分はたくさんあるだろう。正直、自分が苦しんできたくせに美やかわいさが正義というルッキズムの価値観に縛られている自覚はある。それでも、いわゆる名誉男性として彼らの仲間に加わることはなく、傷つく側としてこの人生をやってきたと言える。それは不幸だけれど、とてもしあわせなことだと思う。大学にいた頃はたしかに、〝東大男子〟になりたいという気持ちはあった。ゲロを踏んだり道端の石ころ扱いされたりするよりは、どんちゃん騒いで酔っ払って嘔吐して爆笑している側でいるほうが自由だと思っていた。馬鹿にしていたけど、羨ましくもあった。

でも、今はそうではない。無知なまま、たとえ時代の流れにより何かを知っても、多大な努力を払わない限りは本当には理解できず年をとっていくであろう彼のような人のことを考えると、気の毒にすら思う。

その後彼は、学部生の頃から付き合っていた法学部の彼女を、司法試験合格の翌日に振ったと聞いた。彼は、さらに自分に見合ったアリを手に入れるために取捨選択をしたのだろうか。彼には卒業後一度も会っていないが、実はわたしはその彼女とは、やはり別のゼミでいっしょになったのをきっかけに友達になり、卒業後もTwitterでほそぼそと交流をしている。先日、8年越しにお茶をした際に、「っていうかどうしてあの人と付き合ってたの?」と聞いたら「いや、それがわたしもわからなくて……。気の迷いかな?」と本当になんでもないという口調で言われて、ちょっと笑ってしまった。

余談だが、吐瀉物は大学卒業の夜にも降り注いだ。オフィシャルな式典と学部の卒業パーティーのあとにキャンパスそばの白木屋でクラスでの二次会があった。これで最後だろうし……と、クラス飲み会不参加の誓いを破って参加したら、恋愛事情を根掘り葉掘り聞かれ「え~本当はあいつと付き合ってんじゃないの~?」とゼミで仲がよかった男友達との関係を囃《はや》し立てられる事件が発生したのだ。

一年のときと違い、そのときのわたしは飲み会を退出する判断をした。そうしてその足で東京メトロ丸ノ内線、副都心線直通みなとみらい線を乗りつぎ、横浜へと向かった。

その日は高校時代の友人の大学も卒業式で、彼女が、Facebookに「今日横浜ベイホテル東急の部屋とってるから、来れる人教えてください〜」と自主開催の卒業パーティーの告知をしていた。飲み会中にそれを見かけたわたしはすかさず、「わたしも行っていい？」とメッセしたのだった。「いいけど……うちの大学の人想定してた（笑）。大丈夫？」と若干引かれたものの、大丈夫、大丈夫と言い張って参加した。大学時代楽しかったことベストテンには入る思い出だ。インターネットのか細い糸があったおかげで、わたしは「女」のラベルに窒息することなく、社会人になることができたのだった。

わたしが女子校を礼賛したくない理由

大学の悪口は無限に話せるが、かといって「女子校最高！」という人間でもない。中高6年間を女子校で過ごした日々は、子供のわたしがうっすら抱いていた「同性だけでいればしあわせ」という幻想を、早めに打ち砕いてくれた。

私立中学受験の話が出たのは、小学校四年の頃だった。母がどこからか、「とある共学私立校の評判がいいらしい」と聞きかじってきた。わたしの小学校は特段荒れていたわけではないが、当時ターゲットを変えながら、ものを隠す、悪口を言う、仲間外れにするというようないじめが頻発しており、彼女はかなり気にしていたらしい。わたしも誰かの反感を買ったのか、学校の黒板に名指しで「りさちゃん死んで」と書かれたことがあった。

テストの成績はいいが、成績通知表で毎年「人の話を聞く」はC、スイミングスクールでも「列に並ぶ」ができずに最下位クラスの子供だった。きっとわたしがうっかりしでかした何かが動機だったに違いない。慰めてくれる友人や同じ目にあった友人もおり、本人は長くは気にしなかったが、心の底にざらりとした感じが残ったのはたしかだ。母としても、人間関係が引き継がれる公立校に進学するよりは、環境を変えて、わたしの性質を生かせる教育を受けさせたい思いが膨らんだようだ。母には、自分の父親から「女は大学に行かなくていい」と言われ続け、自分よりも勉強熱心ではない弟だけが私立中学や高校の受験をさせてもらったという、人生の後悔もあるようだった。「りさにはそういう思いをさせたくないの」と言われるたびに、大切で重たい荷物を受け取る感覚があった。

日能研の入塾テストを受けたら授業料免除の特待生になれたこともあり、2週に1回の学力テストに一喜一憂しているうちに、出身校に合格した。

女子校＝ユートピアではなかった

出身校は、150年ほど前に設立されたプロテスタント系の私立女子校だ。良妻賢母を求め、女子教育の整備に非積極的だった明治政府下で、キリスト教宣教師たちが状況を変えようと作った学校の一つで、生徒の自立を重んじているのを売りとしている。校則が四つしかなく私服でよいのを母が気に入ったのもあるが、学校にプールがなく中学一年次に外部で行われる集中水泳教室に参加すれば残り5年はプールの授業なし、というのも、わたしにはとても大きな魅力だった。列に並ぶことができないから……もあったが、二次性徴と運動不足の中でどんどん不格好になっていく自分の身体を疎む気持ちが強かった。また、小学校の友達と市営プールに遊びに行ったところで露出狂にあうという出来事もあり、プールそのものへのトラウマもあった。

いじめについては、わたしを小学校で中傷してきたのは明らかに女子だったので、女子だけだから解決する問題とは考えていなかった。それでも、周囲で観察できた負のループは、「あの子ばかり男子としゃべってる」とか「あいつ女子とばっか遊んで女々しい」

から始まっているように見えたので、同性だけの環境ならそういうのもなくなるのかなという希望的観測はあった。

かくして始まった女子校生活。たしかに校風はわたしの性分に合っていて、今では進学してよかったと思っているが、もちろん、完璧なユートピアではなかった。

というか、期待しすぎていたのだ。きわめて幼稚な先入観でありここに書くのも恥ずかしいが、その頃のわたしは集英社コバルト文庫から出ていた今野緒雪の大ヒット少女小説『マリア様がみてる』に夢中になっていた影響で、中高一貫女子校に行けば、何か新しく劇的な変化が自分に起きて、華々しい物語の主人公、せめてサブキャラクターにはなれるのではないかと思っていた。言うまでもなく、そんなことは起きなかった。わたし自身がずんぐりむっくりした眉毛ぼさぼさの小熊だったのと同じくらい、同級生も先輩も、みんな生身で等身大の、第二次性徴や自意識の揺らぎと格闘するいきものだった。誰の性格も『マリみて』のように今野緒雪が造形したものではなく、当然誰の作画もひびき玲音のものではなかった。学力による選抜はあれど、容姿も性格も家庭環境も善良さも人それぞれだった。

実在の異性がいなくとも、先輩をめぐって、友人をめぐって、そして、相手が持っているように思えるものをめぐって、諍《いさか》いと妬みと嫉みが発生した。それはフィクションと違って、みじんも美化できるものではなく、心身が傷つききって学校を去ることを選ぶ人もいた。わたしも、ストレートには進学せず公立高校を受験しようかと真剣に考えたくらいだ。

オタク趣味がシェルターになった

つまずきは、中学一年生の時点で起きた。深く考えずにうっかりバレーボール部に入ってしまったところ、足を引っ張る部員として仲間外れが発生したのだ。「練習についてこれてない」とか「ルールを守れない」と、大義を持つ年上の先輩から宣告され弾かれる雰囲気は、理不尽ないじめよりもよほど心にきた。

運動部生活の中で最も聞いた言葉は、「前代未聞」だ。我ながらよく覚えているなと笑えるのが、ある月の部費を、母親から渡された銀行ロゴの入った封筒で持って行ったら、「こんなロゴの入っている封筒を持ってくるなんて前代未聞。無地の茶封筒じゃない」と受け取れない」と学年リーダーに突き返されたことだ。校則は四つしかないが、よくわからない生徒間の決まりごとがじゃんじゃか作られており、それは部活という組織体を通じて、上から下へと受け継がれていた。今でも銀行ATMで封筒を見ると、あのことが浮かんでしまう。運動能力だけでなく、「かわいい」「イケてる」がシビアに評価されていて、その判定をクリアした子が、先輩からも同級生からも優しくされていた。

それでも6年間、家庭のゴタゴタがありつつも、ドロップアウトすることもなく通いきったのは、学校の中で居場所を見つけることができたからだ。中学二年になると同時に退部届けを出し、文化系のまったりした部活に移って、かなり穏やかに過ごすことができた。部活で疎外されるスケープゴートは一定数いたが、別の部に転入したり、他のコミュニティを見つけたりした人間が、執拗に攻撃されることまではなかった。

友達も増えた。コミックマーケットに誘われていっしょにイラスト本を買ったり、当時人気になり始めていた作家・西尾維新の話で盛り上がったり、それぞれ自分のイラストを上げるホームページを作って相互リンクになり、キリ番を踏んで記念イラストを贈り合ったり……。わたしの自意識がこんなにもオタク、腐女子としてのアイデンティティと結びついているのは、これらのコミュニティが学校でのシェルターとして機能していたからだろう。女子校の同性同士ですら、女として価値があるかどうかの品定めは存在していたが、オタクグループでは、「かわいい」「イケてる」の呪縛が軽くなった。

そして、持てる者が常に強者というわけでもないことにも徐々に気づいた。他人が羨《うらや》むものを持っているとされる人間にだけ向けられる陰湿さもあった。中高生向け掲示板サイト・ミルクカフェで自校のスレッドを覗けば、あの子は遊んでるだとか、かわいいけど性格が悪いとか、彼氏とどうだとか、そういう根も葉もない噂が山ほど書き込まれていた。


誰も彼もが刃を向け合って互いの心身を削りながらも、致命傷はかろうじて免れていた。それは大半の人が自分なりのシェルターを見つけたからでもあったし、外側の世界の力学に立ち向かう日が近づくにつれ、この世でたった230人の、同じ学舎で過ごす人間同士の不協和に固執することは、時間の無駄でしかないと認識し始めていたからだろう。

予備校に通い始めることでそれに気づく子もいれば、インターネットで人間関係を作ることでそれに気づく子もいた。モラトリアムの残り時間が見えてくると、互いに傷つけ合う暇はなかった。もう少し優しい見方をすれば、クラス替えという強制的なシャッフルで出会いと別れを繰り返すうちに、お互いのよいところ悪いところ、気の合う人間合わない人間の傾向というのをそれぞれが学習し、不用意に摩擦を起こさない技術が身についたというのもあったかもしれない。離婚危機を乗り越えた熟年夫婦みたいな。とはいえ、「人の話を聞く」がCのわたしは、同級生と比べてもかなり遅くまで、あれこれ失敗と後悔を繰り返したのだが。わたしはバレー部のあとに入った部活で一番仲がよかった友人と卒業してから揉めて絶交され、それきり誰の結婚式にも呼ばれたことがない。わたしは、わたしと6年を共にした人々と、すでに断絶している。

女子校へのアンビバレントな思い

嫌な思い出を出力してみたつもりだが、やっぱりわたしは「女」が好きだから、どこかで自己愛が隠せていないだろう。この文章もむしろ、それはそれで美しい思い出といえるのではないかととられてしまいそうで、もう居心地が悪い。併せて記したいのは、同級生同士では次第に矛《ほこ》を収め、善き隣人であろうと努力するようになったわたしたちも、男性教師にはかなり辛辣だったなということだ。例えば、前の授業が体育だったときにわざとゆっくり着替えて、男性教師が教室に入れないようにして笑うとか、「あの先生、彼女に手作りのワンピースをプレゼントしたんだって。男なのにキモいよね」のような陰口を言うとか。もちろん女性教師へのおちょくりや陰口もあったが、生徒たちが相手を軽んじていいと思っているとき、その性別は確実に念頭にあった。ミサンドリー※と呼んでもいいだろう。

総体としての男性への恐れや、個別の性嫌悪を引き起こす体験を持っていたからこそ、目の前の人間に対してそうした態度をとってしまっていたのはあるだろう。しかし彼らをある種の仮想敵に仕立てることで自分たちの結束を確認していた側面も、確実にあった。あれは女のずるさなんてものではなく、集団の無邪気な残酷さだったようにも思う。その残酷さに身に覚えがあったからこそ、男性だらけの大学で浴びた〝女子〟扱いの洗礼に一層ショックを受けたのかもしれない。

メディアやTwitterで、女子校出身者が、女子校はジェンダーの不平等さを気にする必要がなくてよかった、女子校にいるときは人間だった、という話をして、それが支持される流れを目にする。それはあなたが〝人間〟枠でそれ以外の人が見えなかっただけでしょう、と思う。女子校も社会の中にあり、社会の価値観をもとに運用されている。

女子校という空間は、わたしの知る限り、清くも正しくも美しくもないし、純粋培養の温室でもない。すべての学校と同様に、自我を形作りつつあるいきものたちが生傷だらけになって、関係を醜く失敗していく、血まみれの野戦場だ。

……って、こうやって書いちゃうと、もう完全にノスタルジックになっちゃうな。嫌だな。「女子校あるある」みたいな美化コンテンツが本当に嫌いなんだけど。

結局わたしは、あの頃のわたしたちの嫌な部分にすら愛着を持っていて、その一方で『マリみて』への憧れも捨てきれない。アンビバレントな自意識の狭間で勝手に苦しみ、「女子校最高!」と言える人々の素直さ、それが言えるだけ当時〝人間〟だった彼女たちの境遇に八つ当たりしているだけなのだ。

同窓会にも結婚式にも行かないけど、女子校の思い出を振り返るとき「わたしたち」

（※）男性嫌悪、男性蔑視のこと。

という主語を使ってしまうし。ふと思い出したけれど、ある年、同窓会の幹事から「来れない人も近況を教えて！」という連絡が来たのに対してひねくれた気持ちがわき、「生きてます」とだけ書いて送ったことがあった。あとでまとめられた近況一覧で、「〜〜大学で〜〜の研究をしています」「二児の母親をしながら〜〜で働いてます！」みたいな明るい言葉が並ぶ中に、一言一句わたしと同じことを書いている女が結局5人くらいいた。あれはかなり恥ずかしかった。

社会に出てから知り合った、なんとなくうまが合う女性が実は同じ中高だった、ということも頻繁にある。「フリーターしながらバンギャやってたけど24歳で大学入って、27歳で就活します」というブログエントリが回ってきて、面白いな〜と思ってよくよく読んでみたら、あの、わたしがやめてしまったバレー部の、「前代未聞」が口癖の先輩だったことまであった。中一のわたしに、あの先輩とTwitter相互フォローだよと言っても絶対に信じないだろう。

こんなに悶《もだ》えながらも、女子校のことを書こうと思った理由の一つに、和山やまの女子校漫画『女の園の星』がとても面白かったことがある。気怠そうな国語教師・星の目を通して描かれる日常には、女子校の楽しさ、悪どさ、くだらなさが絶妙に表現されている。「女子校あるある」に厳しいわたしの胸にも、素直に染み入った。インタビューなどでの発言を読む限り、著者が女子校出身ではないことには驚くばかりであるが、だからこそ描ける距離感なのかもしれない。わたしの文章を読んで、うだうだうるせーなと思った人は、お口直しに読んでみてください。

ブラックアウト・ウィズ鏡月

人生の大半は、思い込みで成り立っていると思う。「こういう振る舞いをしたほうが人に好かれるらしい」とか、「こういうことをすると女らしい／男らしい」など。共同幻想と言うと伝わりやすいだろうか。日々、周囲の人とのやりとり、学校での勉強、メディアの情報などを通じて、〝らしい〟ことを自分の人生に取り入れたり、あるいは取り入れないことを選んだりして、わたしたちは暮らす。

「黒髪のほうが清楚で女らしい」とか「たくさん食べたほうが男らしい」のように、性別に紐づいたステレオタイプを助長する〝らしい〟は、弊害の大きさがだんだんと認識されてきた。学校の制服にジェンダーレスなデザインが取り入れられたり、職場でのパンプス・ハイヒール着用義務に異をとなえる#KuToo運動がSNSで盛り上がったりと、団結して〝らしさ〟に反旗を翻《ひるがえ》す動きも出てきた。

わたしは出生時に割り当てられた性別そのものには違和感を持っていない。しかし「女」をうまくやれる人間ではないと思っていたし、そういう自分がうっかり「女」のコードにならった振る舞いをすると、気持ち悪く感じる。逆説的に言うと、ジェンダーにまつわる共同幻想に従うべき、というマインドがあるからともいえる。女らしさ／男らしさのイメージにがっちりと頭をつかまれている。無理に抵抗しようとして、かえって妙な反動がつくこともあった。

社会人になってから酒を飲むのがやめられなくなり、アルコール依存症に限りなく近い場所にいたのも、その反動のせいだったのではないかと、最近ふと思った。

「獺祭《だっさい》」がきっかけで酒に目覚める

大学時代、わたしは酒が嫌いだった。サークル新歓期のコンパで飲んだ生ビールは、不快な苦さの色水にしか感じられなかった。開催場所が激安居酒屋ばかりだったこと、当時炭酸飲料が苦手だったのにビールから始めてしまったことも、大きかったとは思う。素面《しらふ》だと、酔っ払ってテンション高く絡んでくる人間たちは非常にうざったかった。結局入ったのが学生新聞団体で、飲み会でのノリのよさを全く要求されなかったので、酒が飲めるようになる必要もなかった。

歯車が狂ったのは、新卒で入った会社で編集者の仕事を始めてから。今は新型コロナウイルス感染症の流行で状況も変わっているだろうが、メディア業界はとにかく飲み会が多い。当時在籍していたのは新興のウェブメディアで経費もそこまで使えないから、比較的少ないほうではあったはずだ。それでも、顔をつないで仕事に結びつけるために、ライター・業界関係者が集まった飲み会には定期的に顔を出したり、年末は、著者や他社の編集さんに誘われた忘年会を、毎日はしごしたりしていた。こうした交流の飲み会では、「飲める」ほうが喜ばれる。しかしわたしにとって、ビールは色のついた炭酸水である。これはそこそこの値段の店に行くようになっても変わらなかった。どうしても美味しいと思えず、一人ティーポットで頼んだロイヤルミルクティーを飲んで上司に激怒されたりしていた。

しかし、ある著者が自宅で開催した忘年会で振る舞われた「獺祭 磨き その先へ」を飲んで、世界が変わった。え、何これ……。渋谷の雑居ビルに入った激安居酒屋チェーンの飲み放題付き2000円コースで一度だけ注文してしまった、消毒液みたいな味の清酒と、同じ名前がつけられた液体とは思えなかった。視界が澄み渡って10メートル先まで見えるような、晴れやかな味わいだった。するする喉を通って魔法みたいに気分がよくなる透明な飲み物。そうか、わたしはまずい酒とビールが苦手だっただけなのか。わたしの舌で美味しく感じる酒が存在しているのか。

ハマってからは、あっという間だった。評判の日本酒居酒屋を回ったり、蔵元が集まる試飲イベントに友達と遊びに行ったりした。しかも日本酒にはさまざまな風流な名前がついていて、蔵元を調べると、興味深い由緒がある。いろいろな日本酒を飲むのは、ポケモンを集めるみたいで楽しかった。

身体がアルコールに慣れたのか、自分の好みに合った注文をできるようになったのか、ビールやワインなどその他の酒も飲めるようになった。日本酒に詳しいライターさんといっしょに、日本酒の飲み方についての連載も始めた。酒が飲めると、いいことばかりだと脳に刷り込まれた。しかも女なのに飲めると、なおさら喜ばれる。飲み会で同世代の男性が「僕はもういいです」と言ってちょっと残念そうな顔をした年上の男性が、わたしの「あ、わたし同じのもう1杯ください」に表情を和らげるとき、優越感があった。女なのに酒が好きとなってくると、呼ばれる場も増えてくる。交友関係も広がった。そうして、わたしの手帳は日々飲み会のスケジュールで埋まっていった。

酒を飲んで増える知り合いは、当然酒好きばかりだ。深酒を強制されることはない。仕事の席が多かったから、節度を保って酒をたしなんでいる大人が大半だった。

問題は、仕事外の人間関係でも酒好きと関わっていくうちに、わたしの中の、飲酒を一種の男らしさと捉える思い込みが強化されていったことだ。ざっくり言えば、プライベートにおいて、酒好きの男性を好きになってしまうようになり、自分も相手に張り合って、キャパシティ以上に酒を飲む……というサイクルが生まれたのである。こういうタイプの人は、わたしが酒を飲めて、飲み屋のはしごに付き合うだけで喜んでくれる、というのもあった。喜ばれると、もっと好きになってしまうし、もっと好かれたくなってしまう。

「男友達もどき」になりたかった

でろでろに酔って終電をなくし、目が覚めると自宅にいるけれど間の記憶が全くない、ということを毎月一度は繰り返し、同居している家族に激怒される時期があった。とある酒好きの男性と週一、二ペースでいっしょに飲んでいたのである。泥酔して帰った日LINEの履歴を遡ると、相手とはなんらかのアクシデントが起きる前に解散している。

しかし、集まった時間から計算すると、5軒13時間くらいはしごしている、ということが1回ではなかった。昼の13時に集まって夜の2時くらいに解散、みたいなことばかりしていた。

こちらはアクシデントが起きてもいい程度には相手を好きなのだが、というか普通に付き合えるなら付き合いたいのだが、相手に正面から自分の好意を伝える勇気は出なかった。当時まだ誰とも性体験がなく、男女の恋愛に対する幻想をこじらせていたのもある。バレンタインの週に向こうが誘ってくれた映画を観たときにピエール マルコリーニのチョコレートを渡したがなんの反応もなかったので、脈ないんだ！と思ったりしていた。今振り返ると、なんの宣言も添えず「これ……」ともごもご指示語を言って押し付けていただけなのだから、当然である。ホワイトデーのお返しくらいしろよとは思うが、相手にも、言外の意図まで読み取る義務はない。マルコリーニを渡しても『TRICK』の笑える映画を観に行っても朝までカラオケで欅坂46を歌っても、バーで飲み明かしてから相手の自宅で「フリースタイルダンジョン」を視聴して朝を迎えても、何も起きなかった。

彼と長くいっしょにいるにはどうしたらいいか？　わたしの結論は、とにかくひたすら飲酒し続けて飲み友達、正確にいうと「男友達もどき」になることだった。というのも彼は、いつものメンバーと飲みすぎて気がついたら明け方の海岸にいた話とか、ツーリング先で一人で酒を飲んでいたら地元の若者と仲良くなって盆踊り実行委員会を手伝うことになった話みたいな、酒で男同士わかりあったエピソードをやたら披露してくるのである。「男友達もどき」になれば、アクシデントで性的な関係を持ったり、まっとうに交際してだんだん感情が死滅したりするよりも、持続可能な関係が築けるに違いない。流れ流れて明け方の海岸で酒盛りすることに憧れたし、地方の町おこしにはちっとも興味がないが、盆踊りを実行するのも、この人となら楽しいだろう。サステイナブルが一番だ。

悲しいほどに愚かで見当違いなのだが、当時のわたしは真剣だった。飲んでいるときに恋愛相談をされたりとか、近所で飲みすぎて家に泊まっても特に何か起きなかったりとか、そういうことがあると、自分の「男友達もどき」としてのレベルが上がった気がして嬉しかった。

これはなんと2年近く継続したが、盲点があった。彼の結婚である。新婚の身でほいほい出歩くわけにはいかないだろうし、それが「男友達もどき」……とか言いつつ、かつて彼に好意を寄せていた女相手であればなおさらだろう。わたしが逆の立場だったらかなり嫌だと思ったので、それからは飲まなくなった。1年も経てばさすがのわたしも恋愛感情は消えていたが、友人関係が続いていることは嬉しかった。差し障りのないLINEは、毎日していた。

彼の結婚後1回だけ、共通の知人男性と三人で飲もうという話が出た。三人ならいいか、と思って行ったのだが、なんと知人男性の仕事が終わらず、いっこうに来ない。なし崩し的に彼と二人で飲むことになった。さくっと切り上げる選択肢も頭に浮かんだが、遅れている知人男性がちょっとは顔を出したいと言うので、待つしかない。あまりにも久しぶりの対面で二人ではうまく話題が見つからなかった。三人でわいわい業界話をできるようにと恵比寿の焼き鳥屋の個室をとったので周囲の物音が一切なく、話を続けていないと沈黙が場を支配してしまう。ぎこちない会話を続けるのが苦痛で、気まずい空気にならないように、よく食べよく飲んだ。そのうち酔いが回ってようやく楽しくなってきた。まだ「来る」とＬＩＮＥで言い張る知人男性を待つことを言い訳に（この日彼は結局来なかった）、なぜか歌舞伎町のホストクラブに乗り込むことになった。

盛り上げようと頑張っているホストに笑顔を向けつつも、わたしたちは、二人でかわす会話に夢中になった。テーブルに置かれた鏡月をがぶがぶと飲むうちに、相手がぽつりと言った。

「りささんと結婚してたらもっと楽しかったかもしれないいな」

冷水を浴びせられたような気分になった。すでに何本目かになっていた鏡月の、最後に残った分をわたしが飲み干した。次の鏡月を頼んだら、大変なことが起きてしまうかもしれないとは思った。この日は結婚祝いのお礼だと最初から聞いていたので、会計はすべて相手に任せた。一人タクシーに乗り、帰宅した。

夜の時点では、ただ動揺していた。一瞬、ありえるかもしれないドラマティックな展開に対する、ちょっとした高揚を感じたことは否定できない。でも朝目が覚めて、ちゃんと自分の部屋に帰っていること、LINEの履歴を確認してもやはりホストクラブを出てすぐ別れたと確認できたこと、そうして部屋を見渡したら、シーツやカーペットの3ヶ所ほどに赤ワイン色の吐瀉物がべったりついているのを視認したことで、安心と、ばかばかしさと、深い失望が襲ってきた。

お前ふざけんなよ、しかも結婚前にはそんなこと一言も言わず、わたしがどう考えてもあなたのこと好きだったのもわかりきってたくせにまじでずっと無視してたのに、今それ言うか〜⁉という怒りが、内臓が裏返ったような不快さに支配された身体の中から、マグマのように湧いてきた。

つまりわたしは、「もどき」ですらなかったのだ。最初から最後まで、俺に好意持ってなんでも話聞いてくれる都合のいい女だったのだ。だから長濱ね る似のかわいい年下女性をつかまえて人生満ち足りまくった有閑男性の、みちみちに満ち足りすぎているがゆえにかえって存在感を増している1ミリ程度の心の隙間を満たすための道具に使われたのである（しかもあとから、ちょうど妻の妊娠中だったことが発覚した）。「男」どころか、対等な「友達」にもなれないから、舐めたことを言われたのである。

とはいえ100パーセント相手のせいにもできない。擁護すると、相手が常に他人を舐めた人間だったわけではないと思う。そういう侮《あなど》りが生まれてしまう力関係を、わたしたちが二人がかりで、ちょっとずつ作り上げてしまったのだ。

もう1本鏡月を空ける前に帰れたのが、不幸中の幸いだった。告白すると、ホストクラブを出る前にキスされそうになった記憶もある。だからこそやばいやばいやばいと思い、タクシーに飛び乗ったのだった。この日の二日酔いは、それまでの人生で最大にしんどいものだった。ホストから送られてきた「朝トレに来てます！」の営業LINEが、昨晩の出来事が夢ではないと告げてきて、頭痛を増幅させた。爪先から頭のてっぺんまでアルコールに浸されているような息苦しさがあった。わたしは会社に連絡して、有休をとった。

飲酒習慣と向き合い始めて

酒を飲んで記憶をなくすことをブラックアウトというそうだ。彼とはその後一度も会っていないが、そこですぐさま自分の飲酒行動を見直したわけではなかった。20代半ばに、ストレスを酒でまぎらわし、酒で「おもしれー女」アピールするくせがついたわたしは、仕事に疲れたり、人間関係がこじれたり、あるいはただの気の迷いで、そしてまたしても「男友達もどき」になりたくて、幾度ものブラックアウトを起こした。ブラックアウトは海馬の神経細胞の働きと関係があり、繰り返すと脳の記憶形成と保存のメカニズムに悪影響があるという。

アルコール依存症というと、四六時中酒を求めてそれ以外のことが手に付かないようなイメージを持っており、そこまでいくとやばい、そうでなければまだ大丈夫と勝手に思っていた。しかしWHO（世界保健機関）は、一見社会生活を営めていてもそのうちアルコール依存症に達しかねない飲酒習慣を「危険な飲酒」と呼んで注意を促している。週1～2回の飲酒であっても、あるいは自分の意思で酒を飲まない日があっても、「飲酒していなければやらない言動をとる」「周囲の人間から酒を控えろと定期的に言われる」のであれば、アルコール依存症予備軍の可能性はあるのだ。

幾度かの失敗を経ても、わたしの飲酒習慣はしばらく直らなかった。コロナ禍が始まってからは、自宅で一人で飲むようになってしまい、それをやめるのにも苦労した。2021年に大学院留学のためイギリスに渡航してやっと、週1回程度に抑えることができるようになった。日本と違い24時間気軽に酒を買えるコンビニのような形態の店は少ないし、外で酒を飲みすぎたときの生命の危険も日本より高いからだ。仕事をやめたので、酒に費やすような予算や誘いが少ないというのもある。飲まないでいるとその翌日も別に飲みたい気分にはならず、学生寮のキッチンで誰かが飲んでいるときや、気晴らしでちょっと贅沢なレストランに行くときくらいしか、アルコールを身体に入れなくなった。

自分よりも10歳近く若い留学生たちがワインを水のように流し込んでいるのを見ると、つい釣られるが、どうにか耐えて2～3杯で切り上げることもできるようになった。前は「今日は飲まなくても大丈夫だな」だったのが、最近は「向こう1ヶ月飲まなくても大丈夫だな」くらいは思えるようになってきた。何より、自己肯定感が安定しているのもあるかもしれない。「酒を飲まないといっしょにいられないような関係」は、酒以上に有害だったと思う。

この文章を読んで、自分のアルコールとの付き合いに懸念を感じた方、スマホで検索して、飲酒習慣スクリーニングテスト（ＡＵＤＩＴ）をやってみてください。お互い頑張りましょう。

『桜蘭高校ホスト部《クラブ》』に入りたかった

髪の毛を切った。うなじの見えるショートカットに。

社会人になってからはほとんど、肩上のボブスタイルにしていた。はたから見れば、ボブとショートの間にそれほどの違いはないだろう。しかしわたしにとって、わざわざショートカットにするときには、これまでどことなく決意が必要だった。

まず、自分の顔立ちと頭の形に適しており、日常のヘアケアがずぼらでも、「あ、うっとうしいな」と思ったタイミングで美容院に行くようにしていれば体裁が保てるヘアスタイルが肩上から肩口にかかる程度のボブだという、シンプルな経験則は大きい。長く伸ばした髪をつややかに保つためには、毎日丁寧にケアをする必要がある。そして実はショートカットも、ずぼらぶりを露呈しやすい。人にもよるだろうが、わたしの頭の形では、どんなに段をつけて切ってもらってもすぐに後頭部がぺたんこになる。しかも、わたしの襟足の毛は逆さまに生えており、伸びだすと全体がたちまち不格好になってしまう。

とあるウェブメディアに顔出しで写真が載った際に読者から「髪の毛がやばい」と指摘されて落ち込んだことがある。推しのためにおしゃれを楽しもうという趣旨の記事だったから、そのクオリティを批判するのはきわめて妥当だ。記事のために極力身嗜みに気を使ったもののまさにショートカットが崩れ出し、ぺたんこぱさぱさ妖怪になっているのを自分でケアしきれていないときだった。ショートの魅力を1ヶ月保たせる能力が、20代のわたしにはなかった。

『君の名は。』をきっかけに髪を切る

それでもショートカットにしたくなるときはあった。最後にばっさりと髪を切ったのは、大ヒット映画『君の名は。』を劇場で観た直後だった。

飛騨地方の田舎町である糸守町に住む少女・宮水三葉《みつは》と、東京は四ツ谷に暮らす男子高校生・立花瀧《たき》が「入れ替わり」を通じて関係を深めていく青春ラブストーリー映画である本作には中盤、三葉が、それまで長く保っていた髪の毛を短く切るというシーンがある。とある理由により瀧と自分の感情の温度差にショックを受けたあとなので、「失恋を断ち切るために髪を切った」エピソードとしても捉えられるのだが、それだけではない。三葉は、宮水神社の巫女として、折り目正しくきちんとした身嗜みを徹底するように育てられてきた。出自に関わるしがらみとの決別でもあることがにおわされ、彼女の独立心を象徴する、効果的なエピソードとなっている。

三葉の変化は、わたしの心にやけに響いた。

『君の名は。』上映は2016年。わたしはこの前年に3ヶ月で振られた交際相手のことを引きずっていたのだが、交際当時「髪が長いほうが好き」と何気なく言われたのをやたら覚えていて、美容院に行っても毛先をととのえる程度にしていた。おそらくあの時期は、20代で最も髪の毛が長かったはずだ。それが、三葉が髪を切った瞬間に、わたしまで清々しい気持ちになったというか、もういいかなと思わされたのである。

わたしは髪を伸ばし続け、「未練がある」というストーリーにこだわることを通じて、人生のあらゆる課題——つまり目の前の仕事にあんまり身が入らないこととか、本当は実家を出て母親と離れたほうがいいんじゃないかということとか——から目をそむけていたのだと感じ、三葉にシンパシーを抱いたのであった。髪を切ったわたしは転職を決意し、転職と共に一人暮らしに踏み出した。

少女漫画の「男装女子」たち

女の髪には実に多様な意味合いが担わされており、わたしもその価値観にどっぷりと浸かっている。失恋を断ち切るために髪を切るというのは、『君の名は。』以前から少女漫画の十八番だし、髪の長さ自体、ジェンダーを示す記号としてはっきり機能している。髪が長いキャラクターは女らしいとされ、短ければボーイッシュというのが暗黙の了解となっている。わたしが少女漫画を貪り読んでいた頃、大抵の主人公は、どんなに粗忽でも、長く美しいつややかな髪を誇っていた。『美少女戦士セーラームーン』の月野うさぎがその代表選手だ。彼女のおっちょこちょいぶりでは絶対にあのヘアスタイルをメンテナンスできないだろと、自分が社会人になり、身嗜みとしてのヘアケアの必要に迫られてから痛感した。

価値観の刷り込みの中で、わたしが女らしくありたいと思っていたかというと、ずっと逆だった。10代の頃に憧れていたのは、ショートカット女子のほう。もっと言えば、女の記号から逃れた上でそれがさまになっている存在になることだった。つまり、「男装女子」になりたかった。２０００年前後の少女漫画、特に白泉社の『花とゆめ』では、自分が女子であることを隠して振る舞う女性主人公の作品が人気を博していた。

ブームの走りとなったのは、１９９６年に連載スタートし、堀北真希主演でドラマ化もされた中条比紗也の『花ざかりの君たちへ』だろう。主人公・瑞稀《みずき》が憧れの走り高跳び選手・佐野泉に会いたい一心で彼が在籍している全寮制男子校に入学し、同室になってしまうという学園ラブコメディである。また、大好きな幼なじみに釣り合う美少女になりたかったのに身長１７４センチまで成長してしまった主人公・樹梨《きり》が、その幼なじみを守るためになぜか男性モデルとしてデビューすることになる『ネバギバ！』（武藤啓）は１９９９年に連載スタート、男子制服を着て通学する男勝りの女子高生・糸《いと》が、役者になるために女子生徒として高校生活を送らなければならない女装男子の秘密を守りながら関係を深めていく『Wジュリエット』（絵夢羅）もやはりこの時期に連載していた。

男装している意識を持たないハルヒ

「男子校に入るため」から「女らしい見た目ではない」「女らしい格好が嫌い」まで、大なり小なりなんらかの事情でショートカットを選び、みずから男装を引き受けた主人公たち。彼女たちの物語の後継のようでいて、新しい衝撃を伴った作品があった。2002年に、やはり白泉社の『ＬａＬａ』で掲載がスタートした葉鳥ビスコの『桜蘭高校ホスト部』だ。

舞台は、上流の令嬢子息ばかりが通う超お金持ち高校・私立桜蘭学院。その中でも選ばれし美麗男子たちが所属し、学園のお嬢様たちをもてなす「ホスト部」に、性別をぼかして所属することになった貧乏庶民の特待生・藤岡ハルヒを主人公にしたドタバタラブコメディである。累計発行部数1300万部を超え、アニメ化、ドラマ化、映画化などを繰り返している、『ＬａＬａ』の中でも随一のヒットコンテンツだ。2022年にもミュージカルが上演されている。

このハルヒにも「800万円の花瓶を割ってしまったのでホストをして弁済しなければならない」という事情は存在していた。ただ『ホスト部』が新鮮だったのは、ハルヒが「女らしいことが苦手だから」とか「ホスト部で男のふりをしないといけないから」とかいった理由で、短髪やパンツスタイルを選択したわけではないことだ。ハルヒは高身長に悩んでるわけでも女らしい格好が嫌いなわけでもない。単に身なりに無頓着で男に見える格好をしているだけで、男装という意識を当初持っていないのだ。当然、ジェンダーへの屈託もない。

中学生までは、親の好みもあり、ゆたかな黒髪におしとやかな風貌をしていたハルヒ。しかし高校進学後、近所の子供に髪にチューインガムをつけられる事件があり、面倒になって切ってしまう。その上、家が貧乏で制服を買うお金がないハルヒは、適当なセーターとパンツを身につけて登校しており、ホスト部の面々がそれを勝手に男子生徒だと勘違いしたのだった。ハルヒにとって男装は、ホスト部で男子制服を与えられ、紳士にふさわしい振る舞いを学んでホストになる上で、なし崩し的についてくるだけである。

途中からハルヒの性別に気づいていた他のメンバーたちに対して、彼女の学生証を目にするまでピュアに勘違いし続けていた己にショックを受けるのが、部長の須王環《たまき》だ。ハルヒは彼に「どうも自分で男とか女の意識が人より低いらしくて外見にも興味ないし……」と返し、その上で、「ああでもさっきの先輩はかっこよかったですよ？」と環の行いを〝男前〟に褒め、環をキュンとさせる。このシーンを読んだ中学一年生のわたしは、環といっしょにハルヒにハートを撃ち抜かれた。第1話のヒーロー役は、環でも他のホスト部メンツでもなくハルヒで、このコンセプトはその後の連載にも通底していたと思う。即、「この漫画絶対に来るから」と周囲にふれまわったのをよく覚えている。

それまでの男装女子ものは、女らしさへの呪縛は解いてくれるものの、どうしても「それでも結局ヒロインである」というところに物語の肝があった。これは少女漫画界にとって、『ベルサイユのばら』以来の課題だったはずだ。〝わざわざ〟男装しているわけだから、恋愛が実るためには「本来の性別に戻る」ことが強調されてしまうのだ。しかし『ホスト部』では、ハルヒの男装の理由がゆるいぶん、ジェンダーに対するステレオタイプもほどよい塩梅で逆手にとられ、環とハルヒの恋愛でも男－女の対比が強調されなかった。漫画連載の中盤で放送されたアニメ版のオリジナルエンドも、祖母に婚約させられそうになった環を、ハルヒとホスト部メンツが救助に行くという展開で終わるのである。そうした『ホスト部』の姿勢が、わたしの中で無意識に培われていた「外面も内面もかわいくて、最終的には守られる女の子」像への憧れと、憧れることによる重荷を、多少は浄化してくれたのだという気がしている。いまだに後遺症はあるのだが……。

〝なんとなく〟ショートカットにできるまで

少女漫画の呪いがしつこくこびりついているので、20代になっても、エモーショナルな青春ラブコメ映画を理由にしないと、髪を切ることすらできなかった。30代の今回は……うーん、どうだろう。ジェンダーにまつわる越境感は全くなくなっている。その点では、「なんでもないけどショートカットにした」と言いきって終わってもいい。冒頭で「これまでどことなく決意が必要だった」と書いたときも、そういうつもりではあった。

しかし、やっぱりショートカット＝女の決意という刷り込みはいまだに残っている気がする。

実は最近、「文章を書くこと」や「女」というテーマが自分の頭の中でものすごく深刻で大きなものになってしまい、文筆仕事と向き合うことがしんどくなっていた。スケジュール的な忙しさもありつつ精神的なプレッシャーでしばらく筆が止まっていたのだが、髪を切ったら書けるようになってしまったのだ。広く世の中を見たときに、リフレッシュとして髪を切る人はいるだろうから、そうごまかすこともできるが、わたしの場合は、やはり根強いロマンティック自意識がしぶとく活動しているのだと思う。

5年後くらいには「なんとなくショートカットにした」と言いきれる人間になっていてください、自分。

将来のためではありません

30を過ぎて、推し鍼灸院ができた。

その鍼灸院を教えてくれたのは、以前勤めていた会社の同僚女性だ。わたしより年下だが、激務で倒れそうになった際に通いだし、すでに5年はお世話になっているという。山手線のとある駅に近い院にもかかわらず、インターネットに情報が一切載っておらず「駅名　鍼灸院名」でググっても、口コミすら出てこない。地元の人や彼女のような常連客の紹介で来る客だけで日々満員なのだという。

20代の頃、日常的にマッサージや鍼灸に通っている女たちの気持ちが全くわからなかった。疲れを気にしないだけの健康さと鈍さがあったのだと思う。美容院に行くと「肩凝ってますね〜」と言われるし、実際揉まれるとがちがちで、「あ〜」と声を出してしまうのだが、わざわざお金を払って施術を受ける必要があるとは感じていなかった。体調が悪いときは西洋医学に頼れば大体なんとかなった。しかし年齢と共に肩がますます重くなり、腰に怠さを感じるようになり、日々の睡眠やストレッチではごまかせなくなってきた。年をとるというのは、体調不良の因果がだんだん特定できなくなることなのだと知った。増大したエントロピーには、手当たり次第の手段をぶつけていくしかない。近所の台湾マッサージを行きつけとし、母おすすめのエステサロンに通うようになり、ときには葛根湯を飲むようになった。

どうにか身体を騙し騙し使って暮らしていたのだが、コロナ禍のステイホームで劣悪なデスク環境のまま仕事をしているうちに腰を壊し、ついに鍼灸院に駆け込んだ。Google Mapで見つけた、家から徒歩3分の院だった。打たれた鍼が皮膚と肉に沈み込み、もぐった先で筋膜がぴくりと反応する感覚はそれまでの人生で感じたことがないもので、「#☆@%!?;$」と文字にできない声が出た。一種のアハ体験ではあったのだけど、あれこれ試していたせいで、鍼のおかげで腰がよくなった気はあまりしなかった。

そんな経緯があり、鍼で劇的に健康になったという彼女の体験談を聞いても半信半疑だったのだが……「先生は昼間医者をやっていて、鍼は夕方からの慈善事業」「一人の先生が5〜6人を同時に施術していくため、予約していても2時間は待つ」「でもその間は先生手作りのカレーと焼き芋が食べ放題」「猫が5匹いる。先生の自宅にはもっといる」などの謎情報のオンパレードに興味が湧いた。エントロピーがでかすぎる。平日の夜、片道40分かけて足を運ぶことになった。

鍼で生理が「正常」になり始めた

鍼灸院は、閑静な住宅街に立つ家屋の2階をまるまる使って営業していた。インダストリアルなアパート風外観に反し、扉を開けるとエキセントリックさと地域密着感があいまった〝実家〟としか言いようのない雑多な空間が出現する。玄関にはボロボロに読み古された『あさきゆめみし』や『神の雫』が並び、居間を利用した待合では、常連らしき女性たちが手馴れた様子で、石油ストーブの上に置かれた焼き芋をひっくり返しつつ（これは秋冬限定のサービスらしい）、冷蔵庫を開けてはカレーを食している。備えつけのテレビではワイドショーが流れ、カウンターキッチンの前には、ずいぶん前の男性誌から切り取られたらしい真っ青な表紙の上で、薄れつつある印刷の高橋一生の顔がニコニコと微笑みかけてくる。お灸を据える担当の先生がファンなのだという。

施術室は5つ。待合スペースである居間からつながる3つの部屋をカーテンで仕切って設けられている。名前を呼ばれたら施術室に入り服を脱ぎ、使い古されてせんべいみたいになった布団に横たわって、先生たちが巡回してくるのを待つという仕組みだ。施術後は、世界でここでしか体験できないアトラクションに乗った気分になった。定期的に通うことを決意した。

もはや面白い占い師のところに通うに近い行動だが、施術自体の効果も歴然とあった。生理周期が人生で初めて、「正常」と呼ばれる範囲に収まり始めたのだ。

長年付き合い続けてきた「異常」

わたしの生理周期はかれこれ十何年、「異常」ととれる数字を刻み続けていた。月のもの、月経という言葉が表すように、生理は一般的におおよそ月1回、具体的には25〜38日周期で訪れるものとされている。わたしの場合、40日を超えることがほとんどだった。日数もぐちゃぐちゃで、ルナルナの予測通りに来ることがほとんどなかった。

途中で周期が狂いだしたのではない。小学校高学年で生理が始まった当初からだ。血を流す感覚に煩《わずら》わしさと恥ずかしさを感じたのもつかのま、半年音沙汰がなくなり、やきもきした。人生で初めて婦人科に行ったのはそれが理由だった。今でも記憶に残っているほど痛いホルモン注射を筋肉に打たれたらその日のうちに出血があり、「人体ってすごいな」と感心したものだ。その注射以来、年にトータル8〜10回は来るようになった。

周期が39日を超える月経は、稀発《きはつ》月経と診断されて治療を受ける場合もある。しかし、周期が長くとも基礎体温の上下があり、止まらず定期的に来ているのであれば、問題ないのだという。わたしも、50日を超えるようなときには婦人科に相談しに行ったりもしたのだが、妊娠検査薬をその場で渡され、陰性を確認したあとに「もう少し様子を見てみましょう」と帰されることがほとんどだった。なんにもしてくれないのか〜とがっかりしつつ結局その2、3日後には出血が訪れて、拍子抜けするという繰り返しである。

低用量ピルを飲めばきれいな周期で生理を発生させることができるのは知っていたが、毎日決まった時間に薬を飲むことができない性分だと過去のあれこれからわかっていたので、その選択肢は後回しにしていた。

気に病んでもどうにもならないので、気にしないことに努めたのが20代半ばの頃。当時は職場がストレスフルすぎて、毎晩「歯がボロボロ抜け落ちていくのを手で必死に拾いながら、エレベーターで自宅に帰ろうとするが、自宅のあるフロアに止まらない」なんて悪夢を見続けていた時期だったので、それもホルモンバランスに影響していたのかもしれない。転職したらもう少し周期が短くなった。

生理周期が長いというのは、生理のある人間全員が抱えている経血マネジメントの手間が人より少ないことを意味する。喉から手が出るほど子供が欲しいわけではない自分にとっては、気楽に感じている一面もあった。ただ、「正常」に収まらず「異常」にも振り切れない自分の中途半端さについて、人に共有しづらい心許なさはずっと抱えていた。

以前、花王の生理用品ブランド・ロリエが、「生理を〝個性〟ととらえれば、私たちはもっと生きやすくなる。」をコンセプトにしたkosei-fulプロジェクトというSNSキャンペーンを行ったことがある。そのキャンペーンの一環で「Laurier kosei-ful Finder」なる診断テストが公開されていた。選択肢に合わせて自分の生理について回答していくと、自分の生理の個性に合わせた形と色をした宝石の画像が手に入るというコンテンツだ。

なんやねんそれ、と思いつつも、このレーダーチャートを通じて自分と似た悩みの人を見つけることもできるのだろうか……と回答してみたのだが、項目に「生理周期」が入っておらずがっかりした。

個々人の生理を表す上でどう考えても重要な要素だと思うのだが、「個性」というには病気の可能性が高い項目だからだろうか。結局「正常」の範疇に生理が含まれる人たちのためのキャンペーンなんだろうなあ、とちょっと寂しくなったものだ。その後「個人差がある症状を個性とキラキラコーティングするのはいかがなものか」とコンセプト自体がド派手に炎上し、キャンペーンは取り止めになっていた。

わたしにとってよかったのは、この炎上を通じて、身近な友人に生理周期の話を漏らすことができたことだった。相手が「私は今平均80日だよ！」とルナルナを見せてきたのでちょっと笑ってしまった。さすがに婦人科受診を薦めた。

今の自分の身体のためだけに鍼を打ちたい

経済的事情や余暇の時間などを理由とせずシンプルに「子供が欲しくない」と答える女性は年々増えているそうだ。※実際、周囲の既婚女性でも選択的ＤＩＮＫｓ※であって本当に欲しくないので勝手に同情しないでほしい、と社会にキレている女は少なくない。おかげさまでわたしも、肩身がそれほど狭くはない。

それでも、時々考える。わたしは、自分の体質に対して気楽でいるために「別に子供が欲しい人間ではない」という方向へと、長い年月をかけて自分をマインドコントロー

（※）国立青少年教育振興機構「若者の結婚観・子育て観等に関する調査」（２０１７年３月発行）。

（※）共働きで子供を持たない夫婦のこと。

ルしてきたのではないか？と。

「自分は子供が本当に欲しくないのだろうか？」

一見ひょうひょうと生きながらも、この問いに押しつぶされそうになって、考えないようにして、でもまた考えて……を繰り返しながら毎回の生理と付き合っている人は今もたくさんいるだろう。問いはふとした瞬間に湧いてきて、気持ちを浮き沈みさせる。身近な友人が子供を授かったというめでたいニュースを心から祝っているのに帰宅したらなんだか沈むということもあるし、少子高齢化がとどまることを知らず出生率が過去最低になったという時事的な報道を聞いて大変だなあと眉をひそめたあとに、自分も当事者であると気が重くなったりもする。

最近はだいぶ心を凪に保てるようになっていたのだが、不意打ちの事態が起きた。実は推し鍼灸院が売りとしているのが、まさに「妊活」だったのだ。通院初日、玄関と居間をつなぐドアに、快活に笑う夫婦と赤子の写真が貼られ「先生のおかげで子供を授かりました！」と渾身の感謝メッセージが手書きで綴られているのを見て知った。

同僚が言うところには、東京都外からわざわざ来る人や、お忍びで通っている芸能人もいるのだという。あるときは、学校の制服を着た高校生らしき男の子が居間にいた。こんな若い子も来るのだなと思っていたら、彼は母親がこの鍼灸院で施術を受けたあとに生まれた子で、それが縁で通っているのだとわかった。そんな訳で、通っている女性たちというのも、妊活中の女性か、晴れて懐妊した妊婦が大半なのだった。婦人科に行くことはあるが産婦人科ではなかったし、この院ほど同時に人が集まってもいなかった。人生で初めての環境だった。

わたしの周りの友人は独身か、既婚であっても先述したような選択的ＤＩＮＫｓの女性が非常に多い。子供を産んだ友人ももちろんいるし不妊治療の話も聞くものの、詳細は届いてこない。「今欲しい」人の中にまぎれる状態が、ものすごく新鮮だった。いろんな年齢の人がいて、どうやらいろんなところから来ている。完全なる不妊治療クリニックではないからかお客さん同士が結構会話するし、施術スペースは布で仕切られているのみだから、先生からお客さんへの「次の施術までこんなふうに過ごしてくださいね」というレクチャーも耳に入ってきた。自分がここに通っていいのかなと思いもしたのだが、〝実家〟感の衝撃に圧倒され、「なんなんだここは……」と呆然とするうちに、あれよあれよと通っている。

さほど気後れせずにすんだのは、先生が、妊活をしたい人は全力でサポートするが全員に押し付けるわけではないスタンスをはっきりとってくれたからということもある。初日、彼女は、わたしにも「子供が欲しい？」と聞いてきた。妊活している人とそうではない人では、鍼の打ち方も異なるそうなのだ。「欲しいって言って授かるものなのか…？　マジで…？」と面食らったものの、あまりにも単刀直入だったせいか、かえってスルッと答えられた。

「生理不順は気になっていますが、子供は別にどっちでもいいです」

先生はふむとうなずき、「じゃあとりあえずは婦人科系の鍼、入れとくね」と言ってそそくさと施術を始めた。生理周期をととのえるツボというのがあるらしい。腰回り〜足の付け根あたりと、足の甲や指先に、ぶすぶすと鍼を打ちながら、先生は続けた。

「この足の鍼、入れる位置によっては痛くて泣いちゃう人もいるんだよね。昔はそれでも、わざわざうちに来てくれてるわけだからちゃんと打ってあげないとって、全員に妊娠しやすくなる鍼を打ってたんだけどね。前に『足の痛みを考えると、院に来るまでに立ち止まっちゃう』と言ってきた人がいて。そんな気持ちにさせて足が遠のいちゃうのは残念だなと思った。だからその鍼は希望した人にだけ打つように変えたんだよね。時代も変わってきてるし」

彼女のこの言葉は、さらりとしたものだったけれど、わたしの心にとてつもない安心感を与えた。何かの重荷を下ろしてもらえた気がしたのだ。それまで、子供を産みたくなった将来の自分を人質に、少しずつ要求されてきたいろいろな我慢が、ずっと身体中を締め付けていたことを思い出した。

女の子なんだから身体を冷やすな、生野菜より温野菜を食べろ、タバコや飲酒を控えろ、妊娠出産でブランクができることを考えたら女性こそ資格をとったほうがいい、妊娠適齢期を妨げないようなキャリア構築を今から考えろ……。

もちろん、生理不順などをケアすることは必ずしも将来の「欲しい」だけと結びつくものではないのを頭ではわかっている。それでも、心の片隅には、なんとなく現在の自分が果たしたほうがいいように感じている責任――将来の自分の気持ちへの責任なのか、存在するかもわからない子供への責任なのかはわからないが――が居座っていたんだなと気づいた。責任抜きに、今の自分の身体のためだけに鍼を打ちたいと思えたからこそ、この鍼灸院はわたしの推しとなったのだった。

「そういえば、わたし、足の鍼が他の箇所に比べて痛いってことはなかったんですけど……。痛くない体質ですか？」

「あ～、それはね、まだ子宮の力が戻ってないからだと思う。よくなってくると、むしろ痛くなってくるよ」

子宮の力はさすがにパワーワードだし、相変わらず鍼灸の仕組みに対しては半信半疑だ。ただ、今のところ生理周期のぐじゃぐじゃはかなりととのってきており、このまま通い続けるだろう。誕生日には鶏の唐揚げ、サバの煮物、手作りケーキ、マッサージのどれかをおまけしてもらえるらしい。何にしようか、ゆっくり考えている。

代わりの女

これは告発ではない。この文章に実名は出てこない。でもわたしの歴史を振り返るとき、このことを書く必要があると思った。もう10年近く経つけれど、今この文章を必要とする人がどこかにいるかもしれない、とも。

新卒で編集者になった。憧れていた職業だったけれど、30歳までに死ぬと思うようになった。耐えられて、30歳じゃないかと思ったのだ。だって、あまりにも疲れて、ボロボロで、自分の存在に価値を感じられなかったから。職場で、価値がないと言い続けられていたから。展望がなかったから。

つらかった頃の記憶は曖昧で、現実よりも、当時よく見ていた悪夢の内容のほうを頻繁に思い出す。わたしは夜道を急ぎ走っている。両手を軽く重ねて胸の前に掲げながら走っている。口から歯がぽろぽろとこぼれ落ちていて、それを受け止めるのに必死なのだ。やがて背の高いマンションが現れる。エントランスを抜けたわたしはエレベーターに乗る。左手は相変わらず歯を受け止めながら、右手で4階のフロアボタンを押す。どうやら自分の部屋に帰ろうとしているらしい。しかしエレベーターは4階で止まらずに最上階まで行き、また下に戻ってしまう。わたしは何度もボタンを押し続けるが、同じ現象が繰り返される。その間も歯がぽろ、ぽろ、と抜け続け、ついに手からこぼれ落ちようとした瞬間、目が覚める。

〝好き〟を仕事にできるまで

自分が編集者になるとは、あまり予想していなかった。興味はあった。本は好きだし、大学では学生新聞団体に所属した。出版社や新聞社の説明会にも、一応足を運んだ。でも採用担当者が「うちは応援団のOBが来るルートができていて」と悪びれもせず言うのを聞いたり、内定者から「就活で語れるエピソードを作るために夏休みは子ども電話相談室でバイトして」などと言われたりすると、くらくらした。何かに耐え抜いてコネクションをつかみとるか、ありったけの知恵を絞ってユニークさをアピールしなければ、くぐることができない狭き門。ただ好きなだけじゃだめなのだ。

それなら〝好き〟は趣味のままにして、もっとわかりやすいルールでのし上がり、お金を稼げる業界のほうが、わたしには向いているんじゃないか？　そうして、法科大学院に入り弁護士を目指すと決めたのだが、予備校の雑居ビルで模試を受けている最中に、東日本大震災が起きた。明日死ぬならやりたいことはこれではないと思った。迷いに迷って大学四年の冬、結局進路を変えた。Twitterで発信している編集者にDMを送ったり、大手出版社の前で出てきた社員に声をかけて仕事の話を聞かせてもらったりと、その時点で考えつく就活をしまくった。

留年して一学年下の学生たちといっしょの選考に参加しようと思っていたのだが、予想外のことが起きた。情報収集のためコンタクトをとった会社から、4月から正社員として採用したいという提案をもらったのだ。ウェブメディアを準備中のスタートアップ企業だった。履歴書を持っていたわけでもない即日のオファーに、正直不安はあった。

自分が特集担当を務めた学生新聞のバックナンバーを持参していたので、それと学歴でアリだと思われたようだ。この、新しいメディアの構想を熱心に語る、実績豊富な人がわたしを評価したのだから、きっと大丈夫だろう。わたしも、〝好き〟を仕事にできるのだ。その時点で一社すでに次年度の内定をもらっている出版社があったのだが、考えたすえ、その会社に入ることにした。型通りの選考よりも、わたし個人を評価していると言ってもらえた気がしていた。

理不尽と罵倒に耐える日々

得られたものはたくさんあった。でも、引き換えに失ったもののほうが多いと思う。考えが甘かったのだ、どちら側も。わたしはゼロからメディアビジネスを立ち上げることの意味を甘く見ていたし、起業する前は大企業で長らく優秀な人材に恵まれて仕事をしてきたその人は人材採用・育成というものを甘く見ていた。

とにかく怒られ続け、とにかく謝り続けた。出社すれば身嗜みがなっていないと怒られ、取材に行けば足音がうるさいコーヒーの淹れ方がなってない電車の乗り換えで俺に

1分も無駄にさせるなと怒られ、訪問先でコーヒーではなく紅茶を頼んだという理由で怒られ、お酒が飲めなかった当時飲み会で一人だけロイヤルミルクティーを頼んだのも空気が読めないと怒られ、半年後に月給を5万円下げられた。当時のわたしは乳液と化粧水の違いも髪の毛のブローの仕方もわかっていないいきものではあったので、相手の言い分もわかりはする。しかし苛烈な言葉で怒られるほど萎縮し、焦って失敗していたのも事実だ。

「ブスを放置しているのは電車の中のくせー浮浪者と同じ」

そう書かれたメールは手元に残っている。10年経っても読み返すのに勇気が要ったし、ここに書くのも手がふるえた。23歳のわたしは「性格も見た目もブスな状態になっているせいで、ご迷惑をおかけして申し訳ありません」と返信していた。その資格がないのに〝好き〟に手をのばした代償を支払っているのだと思った。

理不尽だ、さすがに言い過ぎだと感じることは多々あったが、「パワハラ」も「セクハラ」も、わたしが使う権利がある言葉だとは思っていなかった。それは最低限度の仕事ができる人に許される反論だと思い込んでいた。企画力があるわけでも編集力があるわけでもない新人が「編集者」という肩書を名乗るための最大限の努力を、わたしはしなければならなかったが、うまくできていないようだった。平均的な新卒編集者、狭き門をくぐり抜けるだけの要領のよさを学生時代に身につけていた人々に比べて、飲み込みは遅かったはずだ。正式入社の前に、コーヒーの淹れ方でもテストされていたら、お互い不幸にならなかったかもしれない。それでも、ある日彼のかつての部下がオフィスにやってきたあと、その、わたしより10歳は年上の男性と比べて仕事ができないと叱咤されたときには、絶句した。お前の金と人望で今雇えるのはわたし止まりなんでしょうが、と喉から出かけたが、「ご迷惑かけて申し訳ないです」と平謝りした。

だから2年目の春、彼がわたしと同い年の彼女を連れてきたときには、逆に清々しい気持ちになった。

「お前よりうまくおじさん転がせそうな子探してきたから」

同じ金額で雇える上位互換が見つかったなら、わたしが彼の立場だって同じ決断をするだろう。著者に声をかけ連載を形にして毎日必死に記事を世に送り出し、1年前よりはだいぶマシになっていたが、それでも足音はうるさいしヘアケアは我流で生乾きのことがまだあったしコーヒーを淹れるのも依然として下手だった。「おじさんを転がす」というのが結局どういうことかも、わからないままだった。もはやわたしも彼もそれは諦めていた。「女」ではなく「サル」くらいの目で見られるようになってからのほうが気楽ではあった。わたしは使い走りの道化的なマインドで、とにかく一生懸命さはアピールし、嘲笑を甘受した。とはいえサルを雇う余裕があれば、人間を雇いたいのは当然だろう。

「彼女を雇う意味わかってるよね？　試用期間中は猶予を与えるから、今後の身のふり方を考えておけよ」

彼はぴったり3ヶ月後の日付のGoogleカレンダーに「面談」と入れ、二人用の会議室を押さえた。

彼女はサイゼリヤの壁にかけられた西洋画の中で存在感を放つ、横を向いた天使にちょっとだけ似ていた。ゆるやかな栗毛をポニーテールにまとめ、林檎みたいな赤みの差したあどけない頬をしていた。東証一部上場のIT企業で営業職をしていて、友人づてで、彼と知り合ったのだという。たくさん罵倒されてボロ雑巾のような顔をしているわたしと違い少女然としていて、同じ年には見えなかった。会った瞬間、「この子のことは嫌いになれないな」「こんな子がいたらみんな毎日機嫌よく働けるだろうな」とわたしも思った。

でも、少しだけ気になることがあった。

「あの、口元がちょっと汚れてるかも」

オフィスにあった鏡の前に誘導してその箇所を示すと彼女は、「ああ！　さっき外苑前のサンマルクカフェでチョコクロを買って食べながら来たんです～」とニコニコしたまま、口元についたチョコとパンくずを手でぬぐった。

去ったのは彼女だった

予感は的中した。彼女も別に「おじさんを転がせる」人材ではなかったのだ。

もちろん、それが悪いわけではない。年相応の新卒社員だったというだけだ。しかし彼はそうは考えなかった。自分の見立てと彼女のキャラクターが異なることを彼女のせいにして、わたしの代わりに彼女が責め立てられる日々が始まった。

できるだけのことはした。彼女と上司の間のメールコミュニケーションをなんとなくサポートしたり、自分が切られたことのあるレッドカードを先回りして教えたり、かなり厳しい叱責を受けていた日には同僚として話を聞いて慰めたり。しかしわたしだってまだ新卒2年目のサルである。「おじさんを転がす」という彼の要求にかなうよう、彼女を助けることは難しかった。彼女がわたしのように編集者ではなく、彼の秘書に近いポジションとして採用されていたのも、彼女の立場が難しい一因だった。人生で一番怒鳴り声を聞いた3ヶ月だった。自分を怒る声は心が閉じるにつれてやがて無音になっていくが、他人を怒る声は鼓膜に反響してどんどん大きくなるのだと学んだ。前者は被害者でいられるが、後者を止められないわたしは加害者の一人に思えた。

それでも彼女は頑張っていた。どんなに怒られて心が折れそうになっても毎朝会社に来ていたし、頬の赤みは引いていったが笑顔の基本装備は欠かさなかった。職場の同僚たちとも仲良くしていた。3ヶ月が終わりに近づいていた頃、オフィスはだんだん静かになっていった。今週さえやり過ごせば彼女は正社員になる。その週にはわたしの24歳の誕生日があった。日本酒にハマり日本酒の連載を担当していたわたしのために、彼女はもう一人の同僚女性といっしょに、桜色の酒器セットをプレゼントしてくれた。この酒器でいつか三人で宅飲みしたいねなんて話をした数日後、会社に行ったら、彼女の荷物がすべてなくなっていた。まだ試用期間は終了していない。

同僚の誰もが戸惑う中で一人が彼に事情を聞くと、正社員登用は難しいと判断して、その日の朝にそれを告げたのだと彼は言った。それにしたって、誰にも挨拶の機会も与えずに？　あなたが雑な採用で、安定した企業に勤めていた彼女に前職をやめさせたのに？　普段はノイズキャンセリングイヤフォンとポーカーフェイスで職場の罵声を遮断していた若手エンジニアも、このときばかりは苦虫をかみつぶしたような顔をしていた。同僚みんなで近所の居酒屋に行って、お通夜みたいに押し黙ってビールを飲んだ。

「面談」のカレンダーについて、その後わたしと彼は一言も話さなかった。先輩が、あれ俺がこっそり消しておいたから、と教えてくれた。

わたしは労働を続けた。本当はあのときバチバチにがなり倒して、相手の頭でもはたいてあんなオフィスに二度と出社しなければよかったのだと思う。自分の立場が守られて安堵するような余裕はなかった。ただただ虚脱していた。いっしょに仕事をしたい著者と、続けたい連載のことを考えるので、頭がいっぱいだった。

その後「人間の転がし力はあるがそれ以外のビジネススキルが皆無の人」が採用され、その人に「わたしが過去の経験を生かした長編小説を書いたら芥川賞とれること間違いなしなのであなたに担当編集をしてほしい」と言われたり、その人が編集者ではないのに勝手に連載のオファーを出してしまった著者への謝罪や尻拭いに追われたりするうち、時が過ぎた。わたしは狭い職場にとらわれている自分、人を見る目が信頼できない人の人事権と評価に生活を制限されている自分が、やっとばかばかしく思えてきた。

編集業そのもので悩むのはいい。しかし今ここで仕事をしていると、それができない。何もうまくいかなくてあとから「ほら見ろ」と言われるかもしれないけど、転職してみよう。自分が立ち上げた連載に書籍化のオファーが来て、外部の編集者と仕事をするうちに「もしかして仕事ができるからって、世の中あんなふうに怒る人ばかりではないのでは?」「というかわたしもそこまで仕事ができないわけではないのでは?」「女性編集＝おじさん転がしスキルというのもおかしいのでは?」と当たり前すぎることに気づけるようになったのもある。それでも同じ職種への転職は何か禍根《かこん》を残す気がして怖くて、編集者ではないことがやりたくなったので、と言って退職した。彼女が去ってから、3年半経った冬のことだった。

その後も会社とはたまにやりとりがあった。メディアと元同僚のことは応援していたから、愛想よく従順な皮を被ったまま、年をとってしまった。

あの日やめればよかった

彼女とはその後一度だけ会った。

わたしがコミックマーケットで同人誌を頒布《はんぷ》するときに、ちょうど近所で用事があったらしく、立ち寄ってくれたのだ。品川シーサイドのイオンで買ったという爆弾おにぎりなる商品をニコニコしながら渡してくれた。「もうお昼食べちゃった時間だし夜は打ち上げだからこんな巨大なおにぎりは食べられないよ!」とツッコミそうになったが、「ありがとう」とだけ言った。出会ったとき口元にチョコクロをつけていた彼女の彼女らしさが、損なわれていない気がして嬉しかった。4歳年をとった彼女の顔はサイゼリヤの天使というには大人びていたが、頬はふたたび林檎色に輝いていた。

わたしたちはお互いを交換可能な存在のように仕組む人間によって、出会わされてしまった。あのときの傷痕は、まだわたしの中にある。彼女の中にもあるだろう。

ケースは違えどこういう出会いをしている女たちは世の中にたくさんいると思う。仕事に必要という建前のもと、「女」としての機能や見た目を比較される存在。「女らしさ」を難なく武器にできているような女を見ると、近づくのをためらってしまう自分がいる。それは彼女が好きで身につけたものではないかもしれないし、彼女なりの屈託や意思を持って引き受けているものかもしれないと、今ではわかる。彼女には彼女の歴史がある。あるいは「引き受ける」という意識すらなく、内面化させられたものの可能性すらある。

仕事そのものに集中できる立場を得るために、女は自身が職場で期待される「女らしさ」にこたえなければならないことが多い。ほんと馬鹿らしい。でも馬鹿らしいと言えるようになったのは、「おじさんを転がす」ことを女子に求める男性の下での苦役に耐えて身につけた蓄積で仕事をしているわたしだ。本来ならば金銭に還元できるものがこの身に何一つなかったときのわたしで、言ってやりたかった。

あの子やあの人がセクハラやパワハラで心を壊し休職したり退職したりせざるを得なかった会社の話を、わたしはいくつか知っている。しかしあの子やあの人が立ち去った会社にあとから転職し、のびのびと能力を発揮している女性たちのことも知っている。そうした人から仕事を依頼されたときに、あの子やあの人の顔が浮かんだりもする。どうしたらいいんだろう。

そうわたしが考えなければならない状況を作った人々に腹が立つが、わたしも過去にそういう状況の一人であったことに思い至ってしまう。やっぱり、あの日彼女といっしょにオフィスを去っておけばよかっただろうか。あの頃に戻りたい気持ちは1ミリもないが、あの日だけはやり直したい、と今でも思う。

わたしが腐女子だった頃

「腐女子」を名乗らなくなって、どれくらいになるだろうか。2年は経っているはずだ。自認はまだあるが、この言葉とべったり癒着して生きていた頃に比べたら、100パーセントではない。

ボーイズラブとの出会いを、この瞬間だったと決めることはできない。それはアイデンティティの形成でありコミュニティへの帰属であり性への目覚めであり、少しずつ起きていったからだ。一つ大きかったのは、小学校高学年の頃、購読する漫画雑誌を『りぼん』から『花とゆめ』に変えたことだ。当時すでに大ヒット漫画となっていた『フルーツバスケット』（高屋奈月）が読みたくて鞍替えしたのだが、そこでは『天使禁猟区』

(由貴香織里)や『よろず屋東海道本舗』(冴凪亮)など、主人公が男性の漫画や、男性同士のバディものなどが連載されており、わたしに驚きを与えた。少女漫画で、男の子に自分を重ねて、感情移入していいんだ!

それまでにも、少年漫画を読んで、ヒーローたちの物語にいっしょに手に汗握ることはあった。しかし『花とゆめ』における男性キャラクターたちの、冒険やサスペンスを通じた感情の交流には、『りぼん』や『なかよし』の恋愛漫画と同じ、じれったい甘ったるさがあった。主人公は男かもしれないけど少女漫画なんだから、そう感じて当然か。でも、少女漫画で恋愛をするのは男と女で、『花とゆめ』も本来はそうだろう。もちろん『カードキャプターさくら』など、CLAMP作品を読んでいたから例外もあることは知っている。知っているけれど、わたしが心を惹かれる『花とゆめ』の男たちには、お互いを思い合って優しく好きと言い合う、そういう空気はない。むしろ、相手に対しての屈託や憎しみ、ライバル心が前に来ていて、どきどきする。『天使禁猟区』の刹那と吉良とか、『フルーツバスケット』の由希や夾《きょう》とか。

それなのに、彼らのやりとりには、脳みそとはらわたの両方を鳥の羽根でちらちらと撫でられているような、隠微な混乱があった。わたしが感じるこの気持ちはいったいなんなんだろう？　彼らの関係はなんなのだろう？

少女漫画誌で出会ったボーイズラブ

戸惑いながらも『花とゆめ』を読み続ける中で、夢中になったのが松下容子の『闇の末裔』だった。死者の生前の罪を裁く冥府の「十王庁《じゅうおうちょう》」召喚課に所属する、ボンクラだけど最強の死神・都筑《つづき》麻斗《あさと》が巻き込まれる事件を描くゴシックミステリー。読み始めたのは「女の子のイラストと服装がかわいい」という微笑ましい理由だったのに、気がつけば、都筑が無数の男性キャラクターから向けられる執着の虜になっていた。距離が近い。顔もやたら近い。言葉が重い。過去にいったいなんの因縁が!?　十王庁の死神たちも死者であり、彼らの関係性の背後には長大な年月が存在しており、思わせぶりなやりとりが山ほど出てくるのだ。

この漫画、なんなんだ……と思いながら読む中、コミックス4巻に収録されている聖《サン》ミシェル高等学校《ギムナジウム》編がわたしに張り手をかました。全寮制男子高等学校で起きた男性教師と男性生徒の痴情のもつれから事件が展開するのだが、性行為がぼかすことなく描かれていたのだ。

当時の『りぼん』や『なかよし』では、男女間であっても性行為は「あった」程度に描写されることが多く、行為そのものが描かれることはほぼなかったように思う。その前に愛読していた『神風怪盗ジャンヌ』(種村有菜)でも、メインカップルの愛の到達を示す上でセックスは匂わされていたが、具体的な描写はなかった。物語の主題は、あくまで互いに思い合う感情的な親密性の尊さだからだ。それなのに聖ミシェル編では、男同士の恋愛が描かれるのみならず、キャラクターたちの関係性に、エゴと性欲が濃密に絡まり合い、性描写に至っていた。そこには読者を挑発するような風情があった。一つの事件のサブキャラクター同士とはいえ、作中で同性同士のセックスシーンが描かれた……ということは、都筑に対して向けられているあの矢印やあの矢印も、やっぱり「そう」捉えていいのか？　脳内に無意識に引かれていたボーダーラインが無効化されたことで、わたしはパニックに陥った。というか、よく考えたら別に『天使禁猟区』や『フルーツバスケット』だって、「そう」かもしれない？　作中で明言されていないけど「そう」とっていい？

二次創作を通して〝腐女子〟になった

考えれば考えるほど「そう」としか思えなくなっていったわたしだったが、家族には言えないし、学校で話すのもはばかられた。そもそもわたし以外、誰も『花とゆめ』を読んでいなかった。救いはインターネットにあった。親が購入した四角い箱で、四角い画面を開き、画面の真ん中の横に細長いボックスに調べたいことを打ち込むと、なんらかの回答に出合えることはすでに知っていた。作品名を入れて検索することで、その作品を愛でている人たちの一部がウェブサイトを作って、「自分の考えた派生小説」を公開していることにも、早いうちに行き当たっていた。『ハリー・ポッター』のような児童文学の名前を入れて、男女カップルやオールキャラの二次創作を楽しんでいた。

性描写を含んだ作品を「裏」と呼ばれる隠しページに置いているサイトがあるのも徐々に知った。黒背景をドラッグして反転しながら裏ページへの入り口を探したり、ＨＴＭ

Lのソースを見てパスワードのヒントを探したり、管理人のメールアドレスにパスワードを教えてくださいとメールしたりした。ボーイズラブやカップリングという言葉は知らなかった。しかしふと、『フルーツバスケット』二次創作サイトをめぐっているとき、ついにぶち当たってしまったのだ、潑春《はつはる》×夾の15禁BL小説に。サイトの入り口に「苦手だと思った人は、ここでブラウザバックしてください」と添えながら掲載されていたそれをなんの気なしに開いたわたしは、聖ミシェル編同様、あまりにもあけすけな性的描写に喜びよりは恐怖を覚えた。年齢のレーティングにも達していなかったので、大人しく回れ右して別のサイトに飛んでしまったのを覚えている。

でも、そこには作品とキャラクターへの深い愛と、少女漫画的〝しあわせな恋愛〟の型にハマりきらない関係性への、ひらかれた扉があった。無限の可能性を提示されてしまったから、怖いと思ったのもあるかもしれない。そこからわたしは15年以上に渡って、男同士の関係性の行間を読んで読んで読みまくる人生を送ることになるわけだから、あれは本当に怖い出来事だったのだ。

それらをボーイズラブと呼ぶこと、攻め／受けという概念、カップリング表記ルール、そういうものにハマった女が腐女子と呼ばれること。付随する知識を徐々に得て、中学校に入ってからは自分も腐女子を名乗るようになった。そこには小学校と違って、漫画やアニメにハマっている女の子が存在していて、しかし全員がそうというわけではなかったから、漫画やアニメ、BLの話をしたいなら、自己紹介する必要があった。ジャンプ漫画の非公式アンソロジーを貸し借りする、コミックマーケットでBL同人誌を買いあさる、たまに自分も二次創作サイトを作る、mixiで知り合った同じジャンルの人とのオフ会に参加する、未知のジャンルでも友達の二次創作を通じて履修する。お小遣いの使い道も、人間関係も、休日の過ごし方も、日常の言葉遣いも、すべては腐女子であることから規定されていった。

大学入学から20代前半にかけては、商業BLの情報を手厚く網羅した書店・コミコミスタジオのウェブサイトで新刊リストを毎月チェックし、発売予定のすべてのBLの中から、欲しいものを決めていた。自ジャンルへの熱が鎮火したらpixivで次を探し、就活のときは本気でBL漫画の編集者になろうか悩んだ。結局諦めたものの、新卒で入ったウェブメディアでは、腐女子きっかけに話が弾んだ著者もいたし、腐女子の匿名座談会の連載を2年に渡って続けることもした。

さらに言えば、ライターとして初めて受けた仕事は雑誌のＢＬ特集だったし、その後友人たちと、オタク女性の生活をテーマにした「劇団雌猫」というユニット活動を始めた際にも、自分の企画や興味は腐女子としての蓄積やアイデンティティに大きく拠っていた。異性と交際するときも、自分の趣味を受け入れてもらえるかどうかが、大きな基準になっていた。わたしの生活のすべての部分が〝腐女子〟に関わっていた。

ＢＬが完璧な逃げ場ではなくなった

それが、どうして名乗らなくなったのか。腐女子という呼称に込められた自虐のニュアンスや、自分たちを「隠れるべき」と捉えるコミュニティルールが、現実の同性愛に対するスティグマ※に加担してしまう側面が否定できないと思ったのは、ある。今は極力「ＢＬ好き」という言葉遣いをし、今回のように文脈上使用が必要だと判断したときに慎重に使う、と決めている。しかし自分にとっては、年を経て、ＢＬを中心としたアイデンティティにこだわらなくなったことが、「腐女子」を使わなくなった一番大きな理由だと思う。

今だってボーイズラブは大好きだ。寝付きの悪い夜は、Amazonで気になるBL漫画を見繕い、だらだら読みながら寝落ちする。ここのところは全米ベストセラーであり映画化も控えた『赤と白とロイヤルブルー』など翻訳小説のクィアロマンスものにハマり、日本のBL文脈との異同などを楽しんでいた。BL小説出身の凪良ゆうや一穂ミチといった作家がジャンルを超えた文芸作品でヒットを飛ばしていると、読者の自分までとてつもなく励まされる。2021年のベスト映画だと思った韓国ノワール『KCIA 南《ナム》山《サン》の部長たち』も、ホモソーシャルのしょうもなさとエロティックさを見事に描いたとてつもない傑作で、BLだ!と興奮した。それでも、長年わたしを支配していた、男同士の関係を眼差すこと、読み替えること、肯定することへの憑物のような執着は、いつの間にか和らいでいる。

物語の中の彼らが性別にまつわる困難を越えるとき、制御できない感情のもつれあい

（※）特定の属性に対する誤った認識や差別、偏見。また、それに伴う負のイメージのこと。

を越えて愛を確認しあうとき、理解できない相手に振り回されて自分自身を見つめ直すとき。わたしはわたし自身もまた、「女」として規定された自分の生を逸脱していいと思えた。それどころか、ＢＬを読んでいること自体を、「女」として規定された自分の生からの逸脱と感じていた。ＢＬを読んでいるときとＢＬについて考えているとき以外は、ずっと窮屈だった。「女」の肉体のことを考えたくなかった、いや自分の肉体のことを考えたくなかった、肉体どころか自分の生活のことも人との関わりあいのことも考えたくなかった、すべてを二の次にしていたかった。

どんなことよりも、創作の中の男同士の関係の解釈のほうが大事だと思うことで、心の底で感じている息苦しさにへらへらしていたかった。社会や会社で女らしくあることを求められているのは擬態している仮の自分であり、世間に押し付けられた着ぐるみを被っていない腐女子の自分のほうが、本当。ＢＬを読んでいる時間、同好の士と萌えトークをしている時間、コミュニティ独自の言葉を使っている時間、だけが本当。ＢＬを読む理由も、腐女子を自認する理由も、人の数だけあるから、これはわたしだけの話だ。でも、わたしにとっては一時期、「そう」だった。

だからわたしが腐女子と名乗らなくなったのは、BLが逃げ場としては機能しなくなった、ただそれだけだという気もする。それは別に現実と向き合うようになった、みたいなわかりやすい成長譚ではない。今は、もっといろいろな武器と居場所を持っているからだ、というのが正しい。フェミニズムもその一つで、例えば、BLにおける女性キャラクターの不在やミソジニーについて考える中で、BLが完璧な逃げ場ではないことを教えてくれた。明確な決意の瞬間はないが、自分が消費してきた表現が持っている意味や責任について、考え方は変わってきている。

ボーイズラブは今、わたしの生活の最優先事項ではなくなった。しかし、かつてはすべてであった。人生の深いところには、ユートピアに思えた場所で遊んでいた時間が、相変わらず横たわっている。だからこれからも、BLはわたしにとって特別なものだ。「BL好き」という言葉では言い表しきれない感情が、わたしが生きている限り、わたしの内側にある。

Chapter

2

あなたをうまく愛せない

『神風怪盗ジャンヌ』の致命傷

体内にロマンチック・ラブのゾンビがいる。幼少期に読んだ少女漫画たちに植え付けられたものだ。

近代社会における愛情やセクシュアリティの変遷をひもといたアンソニー・ギデンズの『親密性の変容』によれば、社会学的用語としてのロマンチック・ラブは、1対1の永続的な純愛を、性・結婚とつなげて考える態度とされている。わたしはもはや結婚へのこだわりは持っていないので、それとはやや異なるのかもしれない。しかしわたしが未だにこだわっているものに一番近いのはやはりこの言葉だという気もする。生殖や結婚へのプレッシャーは死んだのに残っているもの。噛み砕いていえば、「(結婚・生殖をしないにしても）恋愛して他者と人間関係を築くと、人は十全になれる」というオブセッションである。

変身ヒロインに夢中になった少女時代

2歳の頃、アニメ『美少女戦士セーラームーン』の放映が始まった。

最初は、キラキラが乱れ飛ぶ夢いっぱいの変身シーンの映像に心躍らされた。親に変身スティックをねだり、幼稚園の友人たちとごっこ遊びをした。セーラー戦士はすぐに集まるが、タキシード仮面役の男子を引っ張ってくるのが大変だった。それでも頑張って引っ張ってきた。この年頃の女児たちはそれぞれがセーラー戦士を楽しんでいればよかったはずだが、物語にはピンチのときに駆けつけてくれる特別な異性が不可欠なのだと、心のどこかに刷り込まれていたのだろう。

アニメだけでは物足りず、親に買ってもらったテレビ絵本をボロボロになるまで読んだ。アニメのシーン画の上に放映エピソードを平易に再構成したナレーションとセリフが印字された、幼児向けのメディアミックスで、文字を覚えるのにも役立った。しかしアニメと同じ話しか読めないことにすぐ飽きて、ついに漫画が掲載されている雑誌『なかよし』を購読するようになった。原作で営まれていたうさぎたちの生活は、アニメやテレビ絵本から窺えた以上にバブリーで都会的で、ブランドの固有名詞や当時の流行語の意味はほとんどわからなかった。「ドトる」（＝ドトールに行く）などの言葉を、背伸びしながら楽しむ感覚が心地よかった。

『セーラームーン』によって素地を作られた脳みそに、全力でロマンチック・ラブを流し込んできた作品があった。『りぼん』で1998年に連載が始まった、種村有菜の『神風怪盗ジャンヌ』だ。主人公は、ジャンヌ・ダルクの生まれ変わりという設定の日下部《くさかべ》まろん。彼女は天使の力を借りて怪盗ジャンヌに変身し、悪魔の取りついた美術品を回収して、神の力を取り戻す使命を与えられている。

『セーラームーン』のあとも、『魔法騎士《マジックナイト》レイアース』『怪盗セイント・テール』など変身ヒロインものに浸ってきた女児にとって、『ジャンヌ』の世界は、夢のようだった。細かく描きこまれた繊細なレースやヘアスタイル、画面いっぱいに散らされた花びらのセンス、個性豊かなキャラクターたちの会話。容姿端麗で成績優秀なのに両親に目をかけてもらえず、愛に飢えて寂しさを抱えているというまろんのパーソナリティも、子供心に訴えかけてきた。『りぼん』の発売日には500円玉を握り締めてコンビニにダッシュし、読み終えれば首を長くして次号を待つ生活がスタートした。幼稚園のときのようにごっこ遊びはしなかったけれど、限定のイラストタペストリーが手に入る応募者全員大サービスへの応募、東京ビッグサイトで行われていたイベント「りぼん夏のおたのしみ祭」への参加などにも勤しんだ。今にして思えばあれは、自分にとって人生最初のオタク現場だった。

『神風怪盗ジャンヌ』で描かれた少女の〝純潔〟性

使命を抱えた変身ヒロインは、愛する相手と想いが通じ合えば通じ合うほど、自分のパワーを発揮し、世界の救済に近づく。その根底に流れるのが「恋愛をすると、女の子は強くなる」というテーゼだ。

『ジャンヌ』もその上に築かれた作品だったが、特殊だったのが、まろんの〝純潔〟性が物語を左右するファクターとなっていたことだ。連載中盤、実はジャンヌ・ダルクの部下であり恋人だったという男ノインが現れ、まろんの力の源泉はジャンヌ・ダルクと同じく純潔であり、彼女が純潔を失えば、怪盗ジャンヌに変身できなくなると明かす。つまり、まろんが誰かとセックスすれば世界が救えなくなる、という意味である。

純潔、と言われても、当時のわたしには、なんの話をしているのか全く意味がわからなかった。たしかに性行為について保健の授業で学びはしたけれど、知識は知識であって具体的な行為に結びつくものではなかったし、授業ではそんな言葉は出てこなかった。通っている学習塾からの帰りに吉祥寺駅前で謎の団体に「純潔を守ろう」キャンディなるものを渡されたことだけはあったけれど、そのときも頭の中ははてなマークだらけだった(最近調べたところ、統一教会系の団体だったようだ)。

おそらくあけすけにセックスや処女という言葉を使うのを避けるために、「純潔」が用いられたのだろう。その配慮ゆえに心の準備が全くできなかった。実は悪魔が憑いていたノインがまろんの神通力を失わせようと彼女を襲うその瞬間も「えっ、どういうこと!?」と頭が真っ白になった。見てはいけないものが描かれているのではないかと恐れつつも、迫力のある筆致で美しく描き込まれた繊細なシークエンスが脳裏にこびりついて離れなかった。雑誌を遠ざけては手にとって薄目で読み返して……を繰り返してやっと、理解が追いついた。

途中、メインヒーローである稚空《ちあき》が乱入することでノインの企みは未遂に終わる。未遂とはいえ、ローティーンも読者に多い少女漫画誌で性暴力シーンがいきなり展開されたのは、今考えれば肯定しかねることだ。それでもあの回とその後の展開には、より切実な深度で恋愛を描こうという、作者・種村有菜の覚悟と心意気が感じられた。

最終巻ですべての黒幕である魔王との最終決戦に臨むことにしたまろんは、前夜、稚空と一夜を過ごす。「地球よりお前の体が大切なんだ」と決戦を止めようとする稚空とそれを拒むまろん。怖い気持ちはもちろんあるけれど自分の決意は変わらないときっぱり伝え、彼女は稚空と身体を重ねることを選ぶ。天界で与えられた豪奢で清潔な一室で、二人は真っ白な服に身を包んで愛を誓い、ベッドへ倒れ込む。ノインとのシーンではまろんの着衣ははだけ下着も露わになっていたのに対し、稚空との両思いの一夜は、胸元から上だけが描かれ、完全な裸は出てこない。扇情的なところを抑え、非常に神聖なものとして描かれる。

長い時間をかけて本心を伝え合うに至った二人の様子に感涙しながらも、でも、もうまろんはジャンヌに変身できないの？　とはらはらしているうちに、最終決戦の時間がやってきた。現れるのは、しっかりとジャンヌの衣装に身を包んだまろんだ。変身できている！

彼女はモノローグで言う。

神様ごめんなさい…
私も人間の男の人を愛してしまいました
でも私は「ジャンヌ」になったわ
神様以外の人を愛しても心が気高さと誇りを忘れなければ
女の子は誰しも「純潔」なままでいられるものなのね

――『神風怪盗ジャンヌ』集英社

種村有菜は、純潔性の問題を、肉体的な性行為と精神的な気高さを切り分けることで解決した。気高さを保っていれば、性的な行為は（ひょっとしたら望まない相手との行為ですら）自分の価値を損なうものではなくなり、むしろ新しい力を手に入れられる、

郵便はがき

お手数ですが
切手を
お貼りください

150-8482

東京都渋谷区恵比寿4-4-9
えびす大黑ビル
ワニブックス書籍編集部

お買い求めいただいた本のタイトル

本書をお買い上げいただきまして、誠にありがとうございます。
本アンケートにお答えいただけたら幸いです。
ご返信いただいた方の中から、
抽選で毎月5名様に図書カード(500円分)をプレゼントします。

ご住所 〒

TEL (- -)

(ふりがな)
お名前

年齢
歳

ご職業

性別
男・女・無回答

いただいたご感想を、新聞広告などに匿名で使用してもよろしいですか? (はい・いいえ)

※ご記入いただいた「個人情報」は、許可なく他の目的で使用することはありません。
※いただいたご感想は、一部内容を改変させていただく可能性があります。

●この本をどこでお知りになりましたか?(複数回答可)

1.書店で実物を見て　2.知人にすすめられて
3.SNSで(Twitter:　Instagram:　その他　)
4.テレビで観た(番組名:　)
5.新聞広告(　新聞)　6.その他(　)

●購入された動機は何ですか?(複数回答可)

1.著者にひかれた　2.タイトルにひかれた
3.テーマに興味をもった　4.装丁・デザインにひかれた
5.その他(　)

●この本で特に良かったページはありますか?

[　]

●最近気になる人や話題はありますか?

[　]

●この本についてのご意見・ご感想をお書きください。

[　]

以上となります。ご協力ありがとうございました。

とまろんは証明する。そして彼女の気高さは、稚空を想う気持ちから生まれている。「恋愛をすると、女の子は強くなる」というテーゼに、極太のアンダーラインを引いて描いたのが、『神風怪盗ジャンヌ』という作品なのだった。

少女漫画を摂取しすぎた

『ジャンヌ』を読んでいた同世代の人々の評はさまざまだ。「恋愛というのは選ばれた完璧な美少女たちによる、自分とは接点のない行為だ」と思うようになったという人もいれば、「恋愛とは他人の闇を晴らすことであり、少女は光であらねばならない」と刻み付けられたと語る人もいる。似たようなテーゼの数々がやはりわたしの中にも書き込まれた。

園児のわたしは、月野うさぎになってセーラー戦士と暴れまわりたいと思っていたが、小学校高学年のわたしは、日下部まろんになるのは難しいとわかっていた。キラキラの恋愛が自分に訪れるとはあまり期待していなかった。日下部まろんはわたしを置いてハッピーエンドの先へと行ってしまった。それなのに、「恋愛すると、女の子は強くなれる」

というテーゼが心臓の表面にタトゥーとして彫られ、欠けたものを埋めるために〝恋愛〟せよと促してくる。「女が強くかっこよく戦ってもいい」に書き換えたいと思っているのに、万能薬としての恋愛に対するオブセッションが消せない。

タトゥーはふとした瞬間に痛み、かぼそい幻聴が聞こえてくる。あんなに素敵でかわいい女の子たちだって恋愛してないと最大限のパワーを発揮できないんだよ？　月野うさぎや日下部まろんになれないからこそ、恋愛くらいはしておいたほうがいいんじゃないの？

『セーラームーン』と『ジャンヌ』だけのせいではないだろう。無数の少女漫画がもたらしたロマンチック・ラブの毒が自分の中でぐちゃぐちゃに混ざり合って、オブセッションのゾンビに呪力を与えている。頭の中でささやくものたちの、どの声がどれ由来かもわからない。〝恋愛〟を特別視し、人生をハッピーでポジティブにするものと捉える価値観を持った女子小学生のわたしがぴょこんと顔を出し、それがうまくできていない実人生に非難の声を上げてくる。

少女漫画が好きだ。人生のいろいろな時期に、それぞれ支えになってくれた。でも、あまりにも常用しすぎたのではないか？　用法用量を守らなかったから、わたしの情緒の成長は、途中で止まってしまった。覚醒剤を抜いても完全に元の脳には回復できないのと同じで、思春期にロマンチックを過剰摂取してしまうと、後遺症ははかりしれない。20代は、周囲を巻き込んで友達をなくしたり、穏やかな関係の起伏のなさに我慢できなくなったり、失恋を数年スパンでぐじぐじ悩んだりしているうちに終わった。

30歳を過ぎてようやく、どう考えても自分が恋愛すると強くなるタイプの女ではないことを理解してきた。というか疲れた。できるだけ避けているのだが、たまに事故は起きる。自動車と同じで免許制にしてほしい。

本当は、ロマンチックへの強迫観念から逃れたら、恋愛やそれに紐づきそうなやりとりをもっと気楽に楽しめるのではないかと思う。肩の力を抜いていたくても、フィクションの後遺症ゆえにいつも感情の起伏が予想以上に引き起こされてしまい、すべてが疎かになる。心が依然としてジャンキーだから、ブレーキをかけているつもりで快楽物質が止まらなくなり、気づくと自分がコントロールできなくなるのだ。わたしに世界を救う使命があれば、この有り余ったエネルギーを世界平和に振り分けて、適度なエネルギーで人生に向き合えるかもしれないが……。そんな使命はないので、自分には何か欠け

ている という気持ちを、別のことで満たすしかない。そう思って極力、「まずは仕事に集中する」とか「一人の時間を大切にする」とか「寂しさは複数の友達とのコミュニケーションで解消する」とか工夫し、自分の中の女子小学生ゾンビをなだめている。

それでもやっぱり『ジャンヌ』は特別な物語で、まろんは特別な女の子で、今でも大好きだ。地球を救う代わりにわたしは今日も、ゾンビと和解する方法を探している。

永遠にマクドナルドにいたかった

初めてのペアリングは、女友達と買った。

ペアリングと呼ぶのは、正確ではない。二つセットで売っているちゃんとした指輪を買ったのではなかった。JR御茶ノ水駅前にあるshop inで、一つ1200円のシルバーメッキのリングをお揃いで買っただけだ。薬指につけていたのはたしかだが、わたしは、左手にするか右手にするか真剣に悩んだ。結局、彼女が右手の薬指につけたのを見て、それに合わせた。

彼女は苗字にちなんだ二音の、猫みたいなあだ名で呼ばれていた。サトとかミケだとか、適当な仮名を振ってもしっくりこない。読みにくいけれど、××と表記する。

BLという趣味がつないだ関係

わたしと××は中一のとき同じクラスになったのをきっかけに仲良くなった。中学二年から部活も同じになった。バレー部に入ったが練習量と先輩のしごきに耐えられずに一年ともたず退部したわたしが、彼女のいた部に飛び入りしたのだ。

関係が築かれていった詳細な過程はあまり覚えていない。わたしはその頃新しい部活よりも、別のクラスの一人の同級生に夢中になっていた。PhotoshopとIllustratorを使いこなし、フリルやレースたっぷりの少女のカラーイラストを描いていた「マダム」だ。イラストの繊細さと本人の性格から、このあだ名がついていた。コミックマーケットに連れて行ってもらい、マダムがいる漫画研究会にも入部し、わたしもつたないカラーイラストや4コマ漫画を描いた。

役職につき真面目に勉強してきっちり部活動をしている××と、活動の内容にそこまで興味がなく掛け持ちしながらへらへらオタ活していたわたしは、だいぶかけ離れていた。

共通項はあった。××も腐女子だったのだ。マダムと少女漫画の影響でオタクぶりを深めていったわたしも、年齢を重ねると、学校内での同好の士が多いＢＬに傾倒していった。部活の合間に××と『機動戦士ガンダム00《ダブルオー》』などのアニメのカップリングや、声優の話で盛り上がることが増えた。二人とも後に『失恋ショコラティエ』の人気で世に知られる漫画家・水城せとなの大ファンだった。商業ＢＬレーベルからデビューしたものの、ＢＬの様式美にハマりきらずに独自の作風を貫いていた彼女は、少女漫画作品をいくつか世に送り出したあと、レディースコミックレーベルで『窮鼠はチーズの夢を見る』を発表。流されるままに女と関係を持ちまくる男主人公・恭一を描いて、腐女子たちに衝撃を与えていた。長く単行本未収録で手に入らなかった読切がどうしても読みたかったわたしたちは、ヤフオクに出品されていた掲載誌の切り抜きを1万円で落札した。

家は遠く学校を挟んで反対方向だったけれど、二人とも総武線ユーザーだった。××と特に親密になってからは、わたしは毎朝学校のある駅を通り過ぎ、何駅か先にある彼女の乗換え駅・秋葉原まで足を延ばすようになった。そこで彼女と合流し、いっしょに登校するのだ。帰りはその逆をした。

まだＰＨＳかガラケーの時代だった上、カップル定額電話し放題みたいなプランに入る関係でもない。通学時間をどれだけ引き延ばせるかが一大問題だった。行き帰りに加えて、部活の時間も合わせたらいっしょにいる時間は週に10時間は超えていたはずだと思う。どんなに話しても話しても話し足りないとじれったかった。

30歳までお互い独身だったら本当にいっしょに住もうね、と言ったのはわたしだった。××は「りさって片付け苦手だから、いっしょに住むのはなあ」と難色を示して見せてから、「隣の部屋ならいいよ」と笑った。

一度だけ××がわたしを怒ったのを覚えている。模試で同級生に全国順位を抜かれてしまったわたしが急激に抑うつ状態に陥り、今は何も面白いことを話せない、しばらくいっしょに帰るのをやめようと言ったときだ。

「別にあなたが面白いことを話すからいっしょにいるわけじゃないんだよ」

彼女がこのときわたしの人格を尊重してくれたのと同じ形で、わたしも彼女やわたし自身を尊重しようともう少し努力していたら、何かが違っていただろうか、とは今でも思う。

〝いつもの秋葉原〟ではなくなった日

2008年の春、二人とも無事に第一志望の大学に入った。別々の大学だったが、そう遠くない位置にキャンパスがあり、彼女はわたしの大学のインカレサークルに入った。平日も会えるときはキャンパスで会い、休日は土日どちらか必ず遊ぶ約束を入れた。待ち合わせはやはり秋葉原。腐女子の聖地といえば池袋だが、双方の定期券で通いやすいのは秋葉原だったし、自分たちが二人だけで漂っているような気持ちを持てる場所のほうが心地よかったように思う。アニメイト、とらのあな、まんだらけを回ったり、中央通り交差点に面したソフマップに隣接したマクドナルドでだらだらおしゃべりをしたりするのが定番になった。

しばらく会えなくなった時期があった。だんだんと気温が上がり始めた6月はじめの日曜日のあとだった。その日は正午にマクドナルドでおしゃべりしたあと、近所の男装喫茶で開催されていた、人気BLゲーム「咎狗《とがいぬ》の血」のコラボカフェに行こうと予定していた。

1時間ほど話し込んで、さすがにそろそろカフェに向かうかとマクドナルドを出たとき、なんとなく異様な雰囲気を感じた。入店時よりも太陽は高く日差しがするどく照り付けているのに、あたりがひんやりしているような、暗いような、妙な感じを受けたのだ。もしかしたら静けさのせいだったのかもしれない。マクドナルドを出て右手、ソフマップの前に、緑のシートがカーテンのように広げられ、ソフマップが面している中央通り交差点を目隠ししている。シートよりもさらに右、中央通りが上野に向かって延びている方向に目をやると、消防車が止まっている。

どこかのビルで火事が起きたのだろうか。それにしては煙も炎も見えない。さほど背が高い目隠しではなかったが、人がすでに集まっており、背伸びしたとしてその向こうを見るのは難しそうだった。

二人で悩んだあととりあえず、中央通り沿いにある目当ての男装喫茶に行ってみることにした。交差点の異様さとは対照的に、その店も周りの店も、なんの変調もなく営業していた。毒々しいイチゴソースのかかったコラボかき氷と、ランダムのラミネートカードがついてくるコラボドリンクを注文した。かき氷は台湾風のさらさらとした氷で、頭がきーんとならずにたいらげることができた。手持ち無沙汰になったわたしはドリンクをすすりながら、同じ高校のオタク仲間で作ったメーリングリストに「なんか秋葉原で火事かなんかあったみたいだよ～」と投稿した。

しばらくして、一人から返信があった。

「ニュースでやってるけど、通り魔事件が発生したらしいよ。大丈夫？」


会計をすませて外に出ると、あたりは驚くほど騒がしくなっていた。報道陣が集まり、レポーターがカメラに向けて話しかけている。人も増えている。わたしたちがマクドナルドを出た時点で交差点にいた人たちは、誰も何もわかっていなさそうにぽかんとしていたのに、そのときはみんな、自分の携帯をシートより上にかかげていた。わたしたちのようにテレビで見た知人に教えられるか、報道陣にマイクを向けられて、理由を知った人たちだろう。通り魔そのものは目撃せず、そういう様子だけを目の当たりにしていることは、とてつもなく歪《いびつ》で、気持ち悪かった。すべてはわたしたちがマクドナルドの地下1階でおしゃべりをしている間に始まり、終わっていた。

わたしたちの待ち合わせ時間が12時だったこと、わたしたちのおしゃべりが1時間以上続いたことは、現実味のない幸運だった。距離にしたら50メートルもないのに、起きた惨劇は、起きたということをわたしたちが知覚できないままに通り過ぎ、わたしたちを後ろに置いて行った。

言いたくなかった「おめでとう」

夏が過ぎ、また秋葉原で会うようになったあと、××は頻繁にサークルの話をするようになった。中高の部活と同じく役職につき、先輩たちとこまめにミーティングをしているらしい。わたしは学生新聞団体に所属していた。××から先輩の一人に告白されたとメールがきたとき、わたしは延長に次ぐ延長を重ねた定例会議を終え、一人深夜の上野公園を歩いているところだった。

不忍池の傍らにあるベンチに座って、しばらく悩んでから、

「そうなんだ！　おめでとう」

と返信するとすぐに、

「りさならそう言ってくれると思ってた！　ありがとう」

と戻ってきた。

つまりわたしが「おめでとう」なんて言いたくないってわかっていたってこと？

言いがかりなのは明らかだったが、本当に腹立たしかった。わたしはテキストではお祝いをしていたが、頭の中では自分の本心を××がわかってくれないことを激しく呪っていた。わたしとの関係より大事そうなものを作るのが許せなかった。呪って呪って、「あのとき秋葉原でどうにかなっていたほうがよかったんじゃないか」という、最悪で幼稚なことも思った。それはさすがに誰にも言わなかったが、一人どす黒い気持ちを育てていった。××からじかに話を聞くときには笑顔で相槌を打っているのに、Twitterでは意味ありげにうじうじ落ち込んだツイートをするというようなありさまだ。

それでもまだ絶望しきってはいなかった。その後、彼女のサークル内で何人かの人間を巻き込んだゴタゴタが起きたらしく、××からは楽しいことよりも心労の話を多く共有されていたからだ。結局彼女が一番信頼できると感じたメンバーと交際することで落ち着いたようだった。彼と交際する頃には彼女は疲れ切っていて、恋の始まりの明るさではなかったのが、わたしにとっては救いだった。

1年ほどはなんとかなった。大学二年生の春休み、事件は起きた。わたしが起こした。

そのとき、わたしはマダムといっしょに人生で初めてのヨーロッパ旅行に出ていた。10日間でプラハ、パリ、モン・サン＝ミッシェルを一気に駆け抜け、未知の刺激に夢中になっていた。当時は電波状況も悪く、またガラケーしか持っていなかったので、旅行中は親に身辺報告をする以外はインターネットから離れていた。しかしもうすぐ帰国というタイミングで、まだ大学生のネットワーキングの中心地だったmixiにログインしてしまった。実装されたばかりのつぶやき機能・mixiボイスで、中高の部活仲間がこんなふうにつぶやいていた。

「今日××がデートしてるところ見かけた！　しあわせそうだった～笑」

これまで、××の交際は、彼女の口から聞く相談や報告でしかなかった。それはどことなく、言葉限りのフィクションというか、上辺だけのものと感じられていた。いや、そうでしかないと自分に言い聞かせようとしていたのが正しいのだろう。それが第三者の目撃という形でもたらされたとき、事実なんだと初めて脳が認識して、心が揺さぶられた。わたしだけ、秋葉原のマクドナルドに置きざりにされていた？

自分のボイスに「フランスから帰らないことにしました」と投稿し、mixiをログアウトした。帰国後もメールを一切見ず、旅行前に約束していた予定もぶっちぎって沈黙を続けているうちに、マダムから連絡がきた。

「××ちゃんから私に、『りさ帰ってないって聞いたんだけどほんと？』ってメールきたから『帰ってきてるよ』って伝えておいたよ。他の人にもあちこち聞いて心配してたみたいだよ。なんでだろう？」

マダムはmixiをしていなかった。

××に絶縁されたのは旅行からしばらく経った3月だった。彼女の誕生日も別の月だというのに、わたしが××のことを思い出すのはいつも、秋葉原の事件があった6月だ。

「わかってくれる」という思い込みと錯覚

わたしの人生は他人に壊されることなく続いてきた。壊された人がすぐそばにいたあの6月の秋葉原を考えると、それを大切にする義務があるように思う。しかし、どうしてだか自分でめちゃくちゃに壊したくなるときがある。その壊したいくらいの衝動を、自傷だとか物損だとかに向けるのではなくて、婉曲的な言葉で他人に披露して、気を引こうとしてしまう。他人とは、女である。親しい同性に、あなたならわかってくれるという思いを押し付けてしまう。わかってもらったという誤解を積み重ねて、それを友情や友情以上のもののように錯覚したりする。

言わないことを本当に理解してもらうことは、相手の性別と関係なく不可能だ。そんな根本的な事実を芯から理解できたのは、ここ数年だという気がする。××に正面から伝えるべきだったこと、そのあと彼女から受け取るべきだったことがたくさんある。

生きているのに関係を壊してしまったのではなく、生きているからこそ関係を壊してしまったこと。そして壊れてしまったからって死ぬわけではないこと。これから知り合う誰かとは、今つながっている誰かとは、試行錯誤ができること。かといって話さないでわかってもらえることはないこと。しかし話してわかってもらえなかったからといって人生が終わるわけではないこと。すべては、あの頃よりも現実味を帯びている。

ロンドンへの留学期間中、10年ぶりにパリを訪れた。ふとマダムと泊まったオペラ座そばのブティックホテルがまだあるか確認したくなったが、名前や正確な位置を全く思い出せない。予約履歴から調べようとしても、もう何年も使っていない当時のYahoo!メールのボックスはもはやゴミ屋敷を超えて保存状態の悪い廃墟と化しており、なんの手がかりも発掘できなかった。あの頃のわたしが旅程の中でどういう精神的道筋をたどってあの愚かな出来事を引き起こしたのだったのか、記憶はすでに曖昧だ。

わたしたちはマクドナルドの外に出た。中にいたときのことは、もう本当にはわからないのだろう。あの特別さは同性同士だったこと以前に年齢の問題もあるだろうし、わたしたちが望んだ関わり方の問題でもあった。

唯一の物証となりえた指輪は、とっくの昔になくした。大学一年生の秋、上野公園でメールを受け取るよりも前に不注意で紛失し、××に言えないままだった。何もはめていない指でキーボードを打ちながら、あの指輪は、東京のどこでどうなっているのだろうか、と考えている。

『マリア様がみてる』の呪い

百合が好きで嫌いだ。わたしはあなたのお姉様になれなかったし、あなたもわたしの恋人にはならなかった。わたしたちは今Twitterをブロックしあっている。

どれだけBLを貪り読もうとBLには憎しみは湧かない。だって、「なれない」ことが念入りに保証されているから。BLに出てくるのは、男でも女でもなくて攻めや受けだった。何重もの意味でフィクショナルで歪な正しくなさによって、わたしの身体や人生につきまとう物事への肉薄が可能になる実験場。女たちの傷つきと欲望によって編み上げられたグロテスクな繭のような、そういう世界だった。

百合の〝少女〟たちに憧れ嫉妬した

対して、百合との関係はずっと危うかった。それは、ファンタジーなのにファンタジーではなかった。BLは女にとってそれ自体がファンタジーとなりうるが、百合はそうではない。百合と出合ったとき——そう自覚して読んだのは、『マリア様がみてる』が初めてだった——わたしは少女だった。女子校に通っていた。気になる先輩や気になる子がいた。でも、百合ではなかった。姉妹制度がなかったからとか生徒会に入らなかったからとか以前に、わたしはニキビだらけで眉毛も髪もぼさぼさの小熊であって、リリアン女学園に存在できる生き物ではなかった。舞台設定は限りなく近いのにオーディションから弾かれていた。だからこそ、その花はかぐわしい香りを放っていた。

美しい少女であれば百合の舞台に上がれるという話？　そうではない。薄汚い現実の地べたに生まれ落ちてしまった者は、みな等しくその資格を失っている。わたしたちは女の花園にいる少女同士であるはずなのに、純粋に少女同士であることが許されていなかった。電車や街中で、眼差し消費し脅かしてくるものたちを常に感じていた。

フィクションの世界では、そうした不純物は、いつか出ていく〝社会〟にあるものとして匂わされながらも、現在においては、淡くぼかされていることが多い。百合の園の乙女たちは、汚れなくあることを保証されている。社会になんらかの傷を負わされている場合も、魂の誇りは担保されている。

一方、現実のわたしたちの学校は社会のど真ん中にあって、社会は校舎の上に濃い影を落とし、わたしたちの心根をも侵食していた。いじめられた少女が学校を出ていった。ジュニアアイドルとしてビデオに出た同級生が退学になった。ネットオークションでセーラー服を売り飛ばした同級生が値段を言いふらして笑っていた。学校裏サイトでは、容姿の目立つ先輩が悪意あるあだ名で叩かれていた。わたしたちはすでに社会の被害と加害のサイクルに巻き込まれていた。少女たちが純粋に少女たち同士で向き合える、そういう感じもひっくるめて、百合の世界はファンタジーであり、ドラッグだった。

学園の王子様だと思われている女の子が、お姫様キャラだと思われている女の子に助けられる話（『かわいいあなた』乙ひより）。

いつも自分の恋愛の邪魔をしてくる才色兼備の幼なじみが、そもそも自分を好きだったという話（「Battle Flower」イチハ／『女子妄想症候群』1巻収録）。

好きな子にキスすると巨大化して怪物を倒せるようになる女の子宇宙人の話（『思春期生命体ベガ』林家志弦）。

並行世界をダイブし続けて、消えてしまったあの子を探す話（『紫色のクオリア』うえお久光）。

両親の離婚で離れ離れになっていた姉妹が再会し、心を通わせていく話（『女の子の設計図』紺野キタ）。


少女たちの交流を覗き込んでいる間は、わたしにも百合世界のモブキャラクターとして、汚れない少女の顔と身体が与えられているような感覚が味わえた。

自分も本来振り分けられているはずなのに排斥されているようにも思うカテゴリとしての〝少女〟を対象化し、そうした少女たちが戯れている姿に焦がれる、心の薄皮を剥がす痛みと喜びを同時にもたらす作品群を呼ぶのに、百合という言葉以上のものはない。

あるいは百合という言葉の多義性が先にあり、女同士のさまざまな感情を実験可能な庭園迷路としてジャンルを発展させたのかもしれない。

社会人百合もドロドロに愛憎が絡んだセクシャルな百合だって好きだ。ここ数年は、『キャロル』『お嬢さん』『燃ゆる女の肖像』など、実社会の家父長制への批判や同性愛者の苦境を描いたレズビアン映画も追っている。でも、これらをレズビアン映画と呼ぶ政治的正しさを行使したからといって、当事者と同じ立ち位置から感情移入してよくなるわけではないのだと思う。わたしが社会の安全圏から外に出ていない以上は。

曖昧なまま終わった関係たち

『マリア様がみてる』を清らかな乙女たちの群像劇として始めながらも、シリーズ3巻「いばらの森」の時点で、現実の困難に打ち砕かれる女性同性愛のエピソードを書いて読者に衝撃を与えてみせた今野緒雪の誠実さと残酷さ。地上からほんの少し浮いた学園の中で、聖と栞が諦めたものがあった。中学二年生のわたしは佐藤聖という少女の苦悩に入れ込んで「いばらの森」を毎日持ち歩いていたのに、親戚の葬儀で紛失してしまった。××との顛末からもわかるように、わたしはその物語を受け取りそこねた。

現実の困難に直面しながらも愛する同性と手をとる／とろうとする物語は、わたしの物語にはなりえない。わたしはそれを願っているようで、わたしとあなたの選択肢からは除外してきた。

××だけではない。わたしがあなたたちを好きだよって言うときの、その好きが、いつかあなたが受け取るだろう、誰かの好きの前座になり果ててしまう未来を先回りして、勝手に耐えられなくなって、わたしはあなたたちに好きだよって言うとき、その本当の意味合いをごまかしていた、ような気がする。でもその本当の意味合いというのが、じゃあなんなのかと問われたら、わたしにははっきりとした願望がなかった、とも認めざるをえない。あなたの誰かと付き合いたかったのか、性的な関係を結びたかったのか、将来を共にしたかったのかというと、どれでもなかった。

だから一定以上の好意を差し向けられたときにも、それをどういう願望として捉えると正しく受け取れるのかわからなくて、どの箱にも入れたくなかった。友情だと確定させることも、それ以外だと断じることも怖かった。

新卒1年目のわたしが誕生日に残業でボロボロになっていたとき、あなたがわざわざ職場のそばまで来てくれた。わたしが××との関係を崩壊させたとき、辛抱強く愚痴を聞いてくれたあなただ。店には入らず、山手線の線路沿いに一駅分並んで歩いた。あなたと会えた嬉しさで、夏の夜の蒸し暑さは全く不快じゃなかった。30分あまりの間に、あなたはわたしの好きなところを一つずつ、何十個も挙げていった。あんなに記憶に残っている誕生日はない。それなのにあなたからルームシェアしようよって言われて物件の内見に引っ張られていったとき、わたしは怖気づいて断ってしまった。あなたにはあらゆるSNSをブロックされた。わたしも同じようにするしかなかった。

あなたは家業を継ぐために結婚したが1年と経たず離婚して今は実家と縁を切ってとある地方都市で暮らしているのだと、知人から聞かされた。聞いてすぐ、あなたと以前泊まりがけで掛川にある花鳥園に行ったときの写真フォルダを開いた。オウムを頭に乗せて破顔しているわたしの写真、アームカバーの上に止まったフクロウの頑丈な爪に耐えているわたしの写真、フラミンゴの群れに追いかけられているわたしの写真。すべての表情から、むしろあなたの体温が伝わってきた。そのときわたしは、わたしをそんなふうに撮ることはない人間と、そんなふうな写真が1枚もない旅行に行ってきたばかりだった。間違ってるなと思ってLINEをブロックした。あなたのLINEのブロックは解いたけれど、連絡などない。

頭でっかちな臆病さが、わたしにあなたたちとの関係を一時停止させた。そうして一時停止しているわたしに時折いばらの痛みを味わわせながらも、結局は曖昧で優しい森にとどまることを許してくれたのが、百合というジャンルだった。

たしかなことが一つだけある。わたしは××やあなたの一番になりたかった。でも一番って、なんだったんだろう。中身を具体化して現実というレイヤーに引き下ろすことで達成できたかもしれないもの、しかし永遠に阻《はば》まれてしまったもの。

それでも百合を読み続けるために

レズビアンとヘテロセクシュアルの女同士が、百合創作を通じてお互いに好意を抱き、交際する過程を描く宮田眞砂《まさご》の小説『夢の国から目覚めても』は、レズビアン当事者ではない人々が百合を描き読むことの意味に正面から立ち向かう。レズビアンの有希の語りで百合というジャンルの危うさを鋭く問う前編も面白いが、作品の誠実さがいかんなく発揮されているのは、ヘテロセクシュアルの由香の語りで進む後編だと思う。当初「百合とレズは違う」などの無責任な言葉を発していた由香。彼女が自分の態度を改め有希との愛情を深めながらも、それでも「自分はヘテロである」という自覚は捨てられずに葛藤する胸のうちが率直に綴られる。

確かにわたしは、有希の身体に性欲を感じない。舐めたり撫でたり指を入れたりしたくはならないし、抱きしめられてもあの痺れるような欲情は覚えない。だからやっぱりわたしはレズビアンではないんだと思う。バイセクシュアルでもないんだと思う。

――『夢の国から目覚めても』星海社FICTIONS

由香は、有希との関係の中で変わっていくもの、すぐには変わっていかないものと向き合っていく中で、しかし有希と、有希と過ごす生活への愛しさを募らせ、自分を変えようと努力していく。結果として彼女は、ヘテロセクシュアルの自分が都合のいいファンタジーとしての「百合」を描き続けることの意義を、有希も自身もとりこぼさないような世界を現実のものにしたいという祈りの中に見出していく。

ランドセルに防犯ブザーをつけないといけないことの意味。ニュースではいつも女の子が誰かに連れ去られていて、未成年と淫行をして大人が逮捕されていた。

……（中略）……

ごきげんよう、お姉さま。

その国の外は夜ですよ。

わたしたちの、世界じゃない。

――だから。

わたしは百合を描きはじめたんだな。

覚醒《かくせい》の途中、痺れるようにそう思う。

お姉さまを卒業させたくなかった。ずっと夢の国に閉じこめたかった。だから百合を描いたんだ。あの門を閉ざそうとするように。

女の子を、女の子のものに取り戻したくて。


――『夢の国から目覚めても』星海社FICTIONS

メタフィクショナルな自己反省をふんだんに仕込みながらも、本作はやはり百合でもある。由香には有希がいる。わたしにあなたはもういない。それでもわたしにも、由香と違った形で反省がある。あの映画／小説をレズビアン映画／レズビアン小説と呼ぶことを支持するし、それらが「性別を超えて」などと宣伝されていたら批判する。女同士のロマンスをファンタジーとしてだけ消費するのではなく、現実でレズビアンであると自認／表明して生きることを諦めない生身の女たちの手に渡すために。せめてもの贖罪のような気持ちで。

相変わらず、百合という言葉を捨てられないし、百合を読む。万人にひらかれている、その曖昧さに甘えている。そのずるくて臆病な多様さを、この現実の地べたのわたしたちの生活と接続する方法も、わたしなりに考えるようにもなった。『女と女』と題した同人誌を作って周囲の女から文章をつのったり、自分でもこんな文章を書いたりしているのもその試行錯誤の一つだ。

あなたは一生読まないだろうけど、わたしはあなたのことも思い浮かべながら書き続けている。ずっと、身勝手に。

牢獄の中をぐるぐると歩く

自分が女だと疑ったことがない、と思う。人生の中で「男だったらよかったのに」と感じることは多かったが、それは自分が「女」を、渋々ながら引き受けてきたことを意味している。

しかし、自分が誰を好きかどうかについては、長年葛藤があった。「疑っていた」ではなく「葛藤があった」という表現がしっくりくる。20代後半以降は男性を好きになって男性と交際し男性に振られてきたので、それ以降の友人には、どんなに女友達との関係のこじれを話しても、お前は恋愛脳のヘテロセクシュアルだよ、とあしらわれる。そんなわたしが自身のセクシュアリティに揺らぎがあるように話しても一笑に付されるかもしれないし、腹を立てる人もいるかもしれない。でもわたしのような葛藤を抱いていた人、今も揺らいでいる人はきっと他にもいるのではないかと思う。おそるおそる、でも慎重に振り返っていく。

好きな女の子と話を合わせたかった

20代前半までは、自分は同性愛者なのではないかとたまに感じることがあった。それまで誰とも性体験がなく、親密さを感じるのは100パーセント女性だったからだ。女子校を卒業して、大学に入学してからは男性と交際する機会があったのだが、これは「その男性に性的に惹かれた」からではなく「友人と話を合わせたかった」からが正直なところだ。不誠実に聞こえるかもしれない。ただ、誰でもいいわけではなく友達として心を許せる相手ばかりではあったので、交際という形をとれば自然とそういう欲求も芽生えるのではないかとは期待していた。

結果はさんざんだった。手を繋ぐと、言いようのない気持ち悪さが湧き上がってきて会いたくなくなり、自然消滅か、別れ話に流れていく。

何度か繰り返したあと思い切って新宿二丁目で開催されていた女性同士の出会いの場

にも行ってみた。しかし「隣の子が彼女だったんですけど……この間別れたので二人で来ました！」という自己紹介で盛り上がったり、みんなで水樹奈々のアニソンを熱唱したりするノリは、わたしが慣れ親しんでいた腐女子の会話とは全く異なる文化とコンテクストだった。いくつかの会に参加したが親密さの糸口を見つけることができず、具体的な関係が成就することはなかった。わたしは「自分は同性愛者ではないのだろう」と結論づけて、腐女子の巣へと戻った。

これはそのマッチングイベントがわたしに合わなかっただけの可能性も高いとは思う。腐女子同士のマッチングイベントなどを選べばよかったのかもしれない。腐女子の中にもレズビアンやバイセクシュアルはいる。同じジャンルのコミュニティの中で初めての彼女ができた人も一定数いるというのを、社会人になってからちらほら聞いた。

しかし出会い先の選択ミスが、わたしを女性との交際に至らせなかったわけでもないだろう。たくさんの女の中から一人だけ「親友」を作って、性愛抜きの恋人の距離感で暮らしていた女子校の頃だって、何も起きていなかった。××とペアリングをつけて、手も繋いでいて、気持ち悪いと全く感じなかったけれど、それ以上の行為の想像は阻まれていた。教室のカーテンに身を隠してキスをしている二人の話や、他の女子校では生徒同士がラブホテルに行っているという話を、お互いにささやきあったことはあったが、××とわたしの間では結局そういうことにはならなかった。

なんらかの行為をしたらセクシュアリティが決まる、ということではないのはわかっている。だからわたしは××への気持ちをもってしてわたしをレズビアンだと定義してもよかったはずだ。でもそうはしなかった。わたしは自分がヘテロセクシュアルだとうっすら規定していた。実際男性を性的に眼差しつつ安全に自身を投影できるBLに夢中だったし、フィクションで萌えるキャラクターは男子が多かった。しかし生身の男子にときめいたことはほとんどなく、ジャニーズに色めき立つ同級生たちから「この中で誰が好き?」などと振られると、困っていた。


幼少期、生身の異性に興味を持った過程を振り返ると、それは大体「好きな女の子が気にかけている人」だった。

小学校のときに学年で一番足が速いケンゴくんを好きだったのは、マユミちゃんがケンゴくんを好きだったからである。マユミちゃんは勉強もできるしスポーツもできるし男の子とも仲がいいし性格もいいのでクラスの一部の女子からひがまれていて、でもマユミちゃんは明るいし自分から人に声をかけていくし学級委員や応援団もしていたから表立ったいじめになることはなかったのだけれど、林間学校のとき、彼女たちは行動を起こした。クラスで13人の女子には旅館の大部屋2部屋が割り当てられていたのだけれど、消灯後その片方に11人が結集して遊び始めてしまったのだ。マユミちゃんは入ってくるな、とまで口にしてはいなかったけれど、マユミちゃんはもう片方の部屋の部屋リーダーのような立場だったので、消灯時間を過ぎてのおしゃべりに参加するわけにはいかなかった。実質的にはマユミちゃんの締め出しである。結局、マユミちゃんは独りで片方の部屋に残るしかなかった。

マユミちゃんとは別部屋だったわたしはしばらくして一部の女子たちの目論見に気づき、トイレに行くように見せかけてマユミちゃんの部屋に行った。マユミちゃんは薄暗い部屋の中ですらりとした四肢をダンゴムシのように丸めて座っていた。わたしはそのとき、世界中が敵に回ってもわたしだけはマユミちゃんの味方でいようと思った。あの夜二人きりでしゃべった時間はわたしの小学校の一番の思い出だ。

だから自然と、マユミちゃんが追っているケンゴくんのことも好きになってしまったのだが、マユミちゃんと競いたいわけではない。マユミちゃんの前では、リョウくんが好きだという設定にした。マユミちゃんの好きな漫画がわたしも好きとか、マユミちゃんの好きなファッションブランドがわたしも好きとか、そういう種類の〝好き〟だから、偽ろうと大して問題はなかった。偽っているうちに、興味も本当にリョウくんに移った。

吉野朔実の漫画『恋愛的瞬間』には、彼女がいる男にばかりちょっかいを出す撫子という女が出てくる。実は彼女はその男を好きになっているわけではなく、彼女が好きになった女が付き合っている男ばかりを寝取っていることが後に判明する。彼女の自称である「精神的にのみレズ」はマジョリティのある種の傲慢と、現在ではとられるかもしれない。でもわたしは彼女の気持ちがわかる。わたしは女を通じてばかり男に興味を持つし、女との恋愛話を通じてばかりそれを持続させて生きてきた。

「まっとうな女」への強迫観念

それにしても、今異性愛者だと思っている人のどれくらいが、本当に自分が異性愛者だと確信しているのだろうか？　というかどのように確信したのだろうか？

セクシュアリティに遺伝子が影響する割合はかなり少ないと聞く。性的行動への態度とアイデンティティを結びつける考え方自体、近代になって、人間を正常／異常に分けるために作られたものだと大学院のジェンダー論の講義でもさんざん叩き込まれた。じゃあ、わたしは本来、なんと定義される存在でもなかったのだろうか？　わたしのそれは、いつどのように確定してしまったのだろう？

もしかしたら、わたしの何も始まってなかったし、決まっていなかったのかもしれない。それでも、大部分が決まっていると思い込んで動かそうとせず、また動かさずにすむ程度にこの自分になじんでいたわけだから、わたしはこれまでずっと異性愛者だったのだろう。あなたは女と付き合えないでしょ。振る舞いがほんとにヘテロだよ。みなが言うのはわたしへの嫌がらせではない。わたしが安全圏を抜けて同性との性愛に没入する可能性がないとここまでの経験上見通しているから、優しく引き止めているだけだ。わたしの同性への逡巡や揺らぎなんてお遊びだと。

そもそも突き放して言えば、わたしの葛藤は「女」をうまくやることから逃げようとして、「異性愛者」ではない可能性にすがっていた、と考えることもできる。

20代に入り、男性と手を繋ぐ、気持ち悪くなる、しだいに別れる、を何度か繰り返す間に、仲良くなったのがサクラだった。ペアリングは買わなかったし、遠くに住んでいたけれど、毎日のようにソーシャルメディアでじゃれあい、誕生日には腕によりをかけた贈り物を交換し、他の友達とは違う存在として扱い合っていた。彼女が男性と結婚してから、ふと「あなたが具体的な言葉を言ってくれたなら、私は全然こたえたのに」と淡々と言われた。彼女は冗談でも軽口でもなく、真剣にそう言ってくれて、それは一種の誠実な告白に違いなかった。彼女のほうはどんな可能性にも、臆病ではなかった。わたしのほうは臆病でずるかった。異性愛をうまくやれないという思いはあるくせに、異性愛規範から外れきることはなかった。ただ自分の想像上の異性愛者と非ー異性愛者のラインを、その時々で動かしたり、ちょっとだけ踏み越えようとしたりして、結局やめていた。脳内の浅瀬でちゃぷちゃぷと遊ぶだけで、何か大きな挑戦をした気になっていた。

わたしの過去の振る舞いは、規範を超えることへの臆病さもあるし、元を辿れば性愛に対しての臆病さだったのだと思う。友人にとどまる距離感を超えると、自分の不完全さやみっともなさがさらけ出されてしまうに違いないと思い、それに堪えられなかった。

きっと、わたしが拒んでいたのは異性でも同性でもなくて、他者だ。そして本当に耐えられなかったのは、他者を通じて目の当たりにすることになる、不完全でみっともない自分だ。性別にかかわらず、誰に近寄られても、うずくまっていたかったのだ。

ではなぜそんなに他者を拒絶したかったのかといえば、それは結局、自分の女性性にまつわるコンプレックスに戻ってくるのだった。自分が女であるのを疑っていない以上、まっとうな女であることを目指す必要がある、というプレッシャーがあり、わたしの頭の中の「まっとう」には、男女恋愛のプレイヤーである能力が含まれていた。どうして女であることや、まっとうであるべきことを疑わなかったのだろうか？　たぶん、「みんな」や「あの子」と同じでいたかったから、というのがある。わたしはいつでもわたしが好きな女と同じでいたいと思って、頑張らなくていいことを頑張ってきた。

しかし、心の中では自分をまっとうではないと決め付けているから、がんじがらめなのだ。がんじがらめで苦しいから、同性同士の非性愛関係の気やすさに救われた。けれど、距離を縮めていくと、どこかで、脳内のロマンス野がアドレナリンを分泌してくる。そうすると、相手と同じでいたい欲望と相手に近づきたい欲望の綱引きとは別に、異性のとき同様、「これ」は自分にはふさわしくないのではないか、という恐れが顔を出す。こういうとき、わたしの頭を占めているのは、自分の持つ生身の身体に自分が感じるおぞましさで、それは根深いルッキズムなのだと思う。わたしの性愛恐怖や裏返しの執着は、ロマンス由来のルッキズムと結びついている。

セクシュアリティを考え続ける

20代半ばを過ぎて、初めて男性とセックスをした。結果的には彼自身に没頭はしたものの、好きになったのは彼を紹介してくれた女友達のことが大好きだったからだし、彼の話を通じてその子との親密性を高められることが、彼への没頭を加速させた。マユミちゃんが好きだからバスケやってみた、に近い。しかしやってみたらバスケ自体も面白いなと思うようになったことからして、以降のわたしは自身を「ほんとにヘテロ」なのだろうと思うようになった。わたしの恋愛と失恋に巻き込まれた人々も、何度もそう言った。安心したような気がするし、違ったような気もする。

おそらくヘテロセクシュアルだが男性とのセックスに踏み切れない、という女同士でしか話せないことがあって、20代前半はそういう友人たちといろいろな悩みを打ち明けあっていた。その一人であり以前のわたしと同様、交際はするものの彼氏に性的接触を求められても気持ち悪くて断り泣かせてしまったと言っていた友人から先日、「性的感情は抱くけど性的接触は望まない人を含むリスセクシュアルという言葉があるんだけど、自分はそれかもしれないと自覚した」と明かされた。Twitterで回ってきたチェックテストでこの言葉に出合い、心が軽くなったという。長く自分と付き合っていく中で、新しい言葉やあり方を選びとっていく人もいる。

近年は、揺れ動きや変化を含んだセクシュアリティを表現する〝セクシュアル・フルイディティ〟という概念も生まれている。周囲を見ていると、ヘテロセクシュアルとして長年己を規定しながらもその枠組みの内外に柔軟で多様なものがあるとする考え、例えば性的欲求のベクトルであるセクシュアリティと、恋愛感情のベクトルであるロマンティックを分けて自認できるアイデアを知って救われた人が多いように感じる。

こうした言葉にあえて当てはめてみるなら、わたしは同性に関して、強い絆や信頼関係のもとに恋愛感情を抱くデミロマンティックの傾向はあると思う。けれど実際的な試みは、完遂されたことがない。以前はこれを、女として男を好き（だから、わたしは彼女を性的に好きではない）という欲求だと思っていたのだが、最近は、女と付き合うなら自分は男でないといけない（が、わたしは男ではないので、彼女を性的に好きになってはいけない）という禁止も含まれているのではと気づいた。異性愛規範とジェンダーの壁が絡み合ったタブー意識が、わたしの心身に刻まれている。

結局異性愛者のままに暮らしてきてしまった者が、それでも異性愛規範の中で息苦しくなったときに、どうしたらいいのだろう？　規範に抵抗する、ゲイロマンスやレズビアンロマンスは着実に増えている。それが異性愛者として生きることにした者をも救っている側面は間違いなくあるとわたしは思う。一方でその際に当事者たちが踏みつけられてしまう問題——「愛に性別は関係ないんだ」という救われ方になりがちだという問題は、無視できない。誰かの酸素ボンベを奪わずに呼吸をするにはどうしたらいいのだろう？　きっと、異性愛ロマンス自体のバリエーションがまだ必要なはずだ。そして、ロマンチックラブイデオロギーそのものを捨てるフィクションも、きっと足りない。

こうやって、わたしのここまでのあり方を、自分が使える言葉でがむしゃらに切り刻んでしまうことは、揺れ動いているままにすべきものを断片としてとどめてしまうような行為ではないか、と不安にはなる。ただ、ぐちゃぐちゃの断面に何かが隠されているかもしれない、と期待する自分もいる。

同じ牢獄の中をぐるぐる歩き回っている絶望は、まだある。でも年をとるにつれて、その壁は、脆《もろ》くなってきている気もする。本当に少しずつだけど、昨日とは違っている。いつかどこかに出られるのだろうか？　あるいは逆に、自分を囲む壁と枷がなじんでしまうのだろうか。今のわたしは、足枷につながった鎖の長さよりももう少し遠いところを歩けるようになりたいと思っている。

手前の女

出会うはずではない女と、奇妙な縁で仲良くしている。

同じクラスにいても親しくならなかっただろうし、仕事の飲み会で知り合っても個人的な付き合いにはならないだろうし、インターネットへの態度も全然違う女と、ほぼ同時期に同じ男性とセックスしていたという理由で。

ここ数年のわたしのことをある友人は、「ドラム式洗濯機に自分で入って猛スピードで回されている」と評した。「見てると悲しくなっちゃう」ともよく言われた。大きな病気も休職や失職もすることなく30歳を過ぎ、本を出したりメディアに出たりするようにもなったけれど、長年の自己肯定感の低さはそうそう改善しない。大学や過去の職場の問題だけではなく、遡れば両親の不仲による家庭不和も影響しているのであろう、精神のぐらつき。身体の内側には、うっすらとした希死念慮が居座っていた。積極的に自殺をしたいのとは違ったが、道を歩いているとき、白線の外側に踏み出すことなく命を守ってしまう自分に対してイライラする程度には死にたかった。まっとうな手順で正式に付き合った恋人と3ヶ月も経たず別れてしまったばかりなのもあった。別れたことは後悔していない。その人と付き合うことを理由として振り切るつもりだった男性Yのもとへ結局戻ってしまったのが問題だった。

別に結婚も出産もしたいわけじゃないし、法的に問題のある関係でもない。ただ付き合うという選択をとってもらえないだけ。連絡すれば予定を調整してもらえるし、セックスもしてもらえる。二者関係に「もらえる」という言葉を持ち込んでいる時点で何もかも終わりきっていると今は思うが、当時は違った。固まったコンクリートのように安定している関係を無理に終えなくてもいいのではないか、そこで思い煩うより、この冷えたコンクリートの上で踊り狂っていればよい、別に割れたら割れたでいいんだし。自分にとってストレスの最も少ない道を選んでいるとうそぶきながらもクリニックに行くたびに睡眠導入剤と気分安定剤の量は増えた。惰性に屈した自己嫌悪は躁的ひらきなおりとして発露した。どうせ寝れないしと酒を飲みまくり友達にＬＩＮＥしまくっては呆れられ宅飲みしまくりオールしては、会社の始業時間をどんどん後ろ倒しにしていた。

自動車事故のようだった

インターネット歴20年以上をそれなりに穏便に過ごしてきたのは、「知らない異性とＳＮＳ経由で会わない」という初級マナーを真面目に守っていたからだ。Ｙと出会ったのも知人の紹介だった。でもそのときのわたしは、脳内の白線を越えて精神的な交通事故を引き起こし、コンクリートをめちゃくちゃに叩き割りたかったのだろう。Instagramのストーリーズにリアクションし、そこからＤＭしたのがきっかけで見ず知らずの男性Ｚと親しくなり、一度も対面したことないのに二人で旅行に行くという最初にして最大の交通違反をしでかした。

はじめは単純に、映画の感想が面白い人として気になっただけだった。事故はわたしが起こした。彼が、シロクマが見たいなあ……みたいなテキストを添えたストーリーズをあげたのに対して、行きましょうよとメッセージしたのだ。当時週6くらいで酔っ払っていたわたしは、近所のビストロで赤ワインのボトルを友人と空けながらInstagramを開いてしまったのだった。飲酒運転より危険な行い。首都圏のどこかしらの動物園に日帰りで行くことを想定していたのだが、相手からは円山動物園のURLが送られてきた。その次の週、初対面で札幌にいっしょに行ってしまった。泊まりで。

サイドブレーキを引き忘れた自動車のように、想像を絶するスピードで坂を滑り落ちた恋だった。いや、あれは恋だったのだろうか？　Y同様交際は断られたが、コミュニケーションはサービス精神に溢れていた。LINEも頻繁に来るしストーリーズには必ず足跡がつくしウェブの連載を更新すれば感想の電話が来た。自分からはほぼ連絡してこないYとは全く違った。明日にはどうなっているかわからないと期待値を下げているつもりで結局全体重をかけて期待してしまっている矛盾が、否応なくアドレナリンを無限に分泌させていくスパイラル。情緒的なロマンスというより、峠を攻める走り屋の快楽に近かった。

しかしインターネット交通ルールを初めて破ったのはわたしのみで、向こうは通常運転のようだった。他に連絡を取り合っている女のLINEを楽しげに見せてきたり、別の子に夜電話するよう頼まれているからと部屋を抜け出したり。曲芸的なドリフト走行。

予想通りすぐに終わりを迎えた。ファーストコンタクトからカタストロフィまで、大体2ヶ月くらい。秒で既読のついていたLINEは途絶え、ストーリーズにも一切足跡がつかなくなった。

躁は気分の前借りと言われている。借金取りとしての鬱が、猛スピードで追いかけてきた。コンクリートは割れ、車はガードレールを越えて崖へとまっさかさま、わたしは満身創痍となった。足掛け5年ぐだぐだしたYへの恋愛的な執着もまとめて吹っ飛んでいったのは、不幸中の幸いだろうか。

ポリアモリーの女

彼らはしかし、この話の主要人物ではない。

わたしの人生に彼女——ユカリが登場するのはそれからしばらくあとだ。インターネット交通事故の傷はさすがに癒え、気分安定剤と睡眠導入剤が効いてよく寝られるようになった。でもYには結局連絡をしてしまいつかず離れずのまま、留学準備を進めていた春のこと。仕事で知り合いサシ飲み仲間としてコロナ禍に距離が縮まった年上の友人が、自宅で1年ぶりにワイン好きを集めてホームパーティーをやるからと誘ってくれたその集まりに、彼女は来ていた。

幹事と同世代の、出版社や広告代理店で役職を持っているようなベテラン業界人の中で、わたしは緊張していた。同じ世代に見えるのはユカリだけだったのだが、ワンレングスのつややかな黒髪を肩よりも下に垂らし、ボディコンシャスな白いワンピース（田中みな実が着用モデルをしたSNIDELのやつ）を着ている様子にはこうした場へのこなれた余裕があり、話しかけるのがはばかられた。赤ワインの入ったグラスを優雅に傾けながら、それを持ってきた代理店男性の説明をにこやかに聞いているユカリはとある専門商社で経理をしているそうだ。幹事と読書会で知り合い、この〝業界〟的ホームパーティーに来たのだという。年上の面々にユカリンと呼ばれてらいなく微笑んでいるあたりからも、この人もうずっとめちゃくちゃモテてきたんだろうな、というのがにじみ出ていた。代理店男性の口調もどんどん熱を帯びていく。

驚くべき瞬間は、ボトルワインが4本ほど空いた頃にやってきた。話題が「ステイホーム中にこっそりやっていたこと」に差し掛かったとき、彼女が「最初の緊急事態宣言の頃、InstagramのストーリーズからのＤＭのやりとりで仲良くなった男性と金沢21世紀美術館で待ち合わせて観光していっしょに泊まったが、帰宅後連絡がぱったりと途絶えそれきりになった」という話を披露したのだ。

髪から上品な薔薇の香りをただよわせ令嬢然としたオーラを醸し出しているユカリの口からそんな話が飛び出して、場にいた者たちは一瞬固まった。しかし彼女自身は「いや～なんか……幽霊に遭遇したのかな？　みたいな気分でした」とあっけらかんと笑うので、そのうちみんな、かわいい顔して大胆だねえ、こういうところが面白い子だから今日誘ったんですよ、ってかこの子彼氏も二人いて……などと盛り上がった。話題はそこから彼女の二人の彼氏の話へと移っていった。

わたしはぽかんとしていた。知り合った流れや、金沢21世紀美術館というロケーションに既視感があった。彼がストーリーズに上げていた覚えがある。そしてユカリが漏らした、〝幽霊〟には自宅に全作品を単行本で揃えているほど敬愛している作家が一人だけいるという話とその作家がZのそれと完全に一致していた。パーティー主催者のInstagramのフォロワーから彼女のアカウントを探し出しフォロワー欄を調べると、ビンゴだった。彼をフォローしていた。

彼女のInstagramをフォローすることはしなかった。パーティーがお開きになったあと、主宰の友人に頼んでLINEをつなげてもらった。ベッドに寝転がりながらパーティーの最中に言えなかった話を送信すると、彼女はエ〜と叫んでいるマイメロディのスタンプを送ってきた。やはり〝幽霊〟とZは同じアカウントで、しかも彼から彼女への連絡が途絶えたタイミングというのが、わたしが彼と札幌に行った時期なのがわかった。彼女は面白がって今度二人で飲みましょうと誘ってくれた。

パーティーの時点ですでにわかっていたが、ユカリは〝幽霊〟のことを全く引きずっていなかった。それは1年前の怪談に過ぎなかった。この日もZの話はほとんどしなかった。対照的にわたしの中ではあらゆることが全く過去になっていないとも気づいた。その日はユカリが住む幡ヶ谷のワンルームで、親の離婚から、大学時代の処女こじらせエピソード、同級生だった××と揉めた話、その後Twitterで鬱ツイートを連発した結果誰の結婚式にも呼ばれなくなったこと、初体験の相手となった恋人に「人生の優先順位的に20番以下」と言われて3ヶ月で振られた話、そのあと友人と長年の夢だったアウシュビッツ旅行を予定しておりメンタル最悪ながらどうにか渡航したのに結局Kindleで延々と復縁本を読み耽ってしまい同行した友人に泣かれた話、その後元恋人の話を延々聞いてくれるYにハマってしまった話などを滔々としゃべり尽くしていた。ほぼ初対面のサシ飲みで、そんなことを洗いざらい話すなんてどうかしている。でも彼女と話して、表面的な傷を一つひとつ精査するうちに、身体の奥底で腐乱していた内臓がざくざく発見された。もはや人間に戻りようがない、人間関係ジャンキーのゾンビ。

長くこじらせていたYのことも映画や文芸の批評眼が鋭くて好きになったのだ、と話すとユカリは「これ長年の持論なんだけど、本をよく読む男は大抵やばいの。家に本棚とかない男がいいよ」と、わたしたちの後ろにある彼女の豊富な蔵書は棚にあげて暴論を展開した。

彼女に彼氏が二人いるというのは浮気ではなく、お互いにその存在を知らせており、幽霊の件も共有ずみなのだという。当事者の合意を得て、複数のパートナーとの間で関係を持つ〝ポリアモリー〟を実践しているのだ、と説明してくれた。

「長い付き合いのほうの彼氏にはね、『そういう男はもし連絡が来ても出禁！　もっとまともな男と関わるように！』って怒られた。マッチングアプリで知り合ったワンナイト男性の話とかも全部伝えてるんだけど、出禁なんて出たの初めてだよ」

ポリアモリーという言葉は初耳ではなかった。ただ、ポリアモリーだという男性に複数愛関係に同意させられ最初は頑張っていたが結局病みまくって捨てられた女友達を二人知っており、搾取の都合よいスタイルでしかないのではないか、とずっと警戒していた。自分が正しいという顔をしているぶん、浮気や不倫より性質が悪くない？と思っていた。同世代の女性で、ポリアモリーのライフスタイルをとっていると堂々と言う人に会うのは初めてだった。

「同意をとるのってすごく難しいから、相手の好意を悪用しているポリーもいるはいるのね。不倫で大事故起こしてパートナーをめちゃくちゃ傷つけてからポリアモリーになったってパターンは、男の人には多いよ。私の場合、新しく知り合った男性にはなかなか理解してもらえない。告白されたあとにもう二人彼氏いるって説明すると、ドン引きされてそのままフェードアウトされたり。黙って二股するかあとから謝るほうが絶対ラク！とは思う。奔放な女ってイメージになるからそれだけで敬遠されたりもするし。無理強いはしたくないから、相手の性質に応じて早めに撤退するようにしてる」

ポリアモリーは私にとってフェミニズムの実践なの。カッティングボードに盛り付けられたハモンセラーノをつまみながら、彼女は続ける。

「女のポリアモリーって、家父長制に対するカウンターだと私は思っていて。まあ、どうしても関係性の指向としてモノアモリー……一人の人間とだけ関係を深めたいって人は実践できないと思うけど。りささんはたぶんできないよねえ」

「できないだろうねえ……」

付き合ってもない女友達に彼氏ができただけで暴発したことのある女だ。

「りささんと話していたら、私ってセックスしてから好きになることはあるけど、セックスする前に人を好きになったことないなって自覚したかも。はたして自分がしているのが恋愛というものなのか、わからなくなってきたな」

「まあ、恋愛なんてまやかしだから……。文化やコンテンツによってそれぞれの人間が刷り込まれた手順によって発動するホルモンの異常な昂《たかぶ》り?」

「それでいうとさ、自分には〝色〟とか〝情〟みたいな言葉のほうがしっくりくる気はしている」

「セックスありきの感情ね」

「だから女同士のニコイチな関係とかピンとこなくて。友達いないわけじゃないけど」

「ユカリンみたいに恋愛感情に振り回されない女になりたかったな」

「単にセックス至上主義ってだけだよ。セックスという既成事実を重視しすぎてるだけ。人に比べて、わからない感情もあるし。失恋した女性の先輩の愚痴飲みに付き合わされてるときに、『なんで1回セックスしただけで告白しちゃったんですか？』って聞いたら、別れたあとLINEブロックされてたことあるもの。もう3年経つ」

「あ——、それはアウトですね」

「ブロックされてから学びましたね……」

ふふふと笑いながら二人で飲み干したプロセッコは、子供向けの風邪シロップみたいに甘かった。

「わかりあえない」ことから

知り合ってからもうすぐ2年が経つ。ユカリンのような女と二人で遊ぶ関係になっているのがとても不思議だ。

彼女はセックスした相手にしか情を感じないというが、それは女友達の情に訴えかけて侵入して搾取してしまうわたしにとっては、非常にありがたいことだった。直接的に惹かれあったわけではないからこその距離感。新しい友情のフォーマット。

インターネットは、趣味や共通項を持つ友人を作るには最高のツールだ。同じクラスにいたら絶対仲良くなっていただろうに同じクラスにいなかった人と出会い直すための空間。わたしの今の女友達のほとんどは、そうした遅れてきた出会いによってつながった関係だ。もちろん共通項がない相手とも出会えるは出会えるが、大人になると友人作りにそれほど労力を割いている時間や割ける気持ちの余裕がなくなって、「ちょっと合わないな」と思ったらすぐ撤退、ということが多い気がする。婚活くらいシビアだ。

ユカリンとわたしがそこを飛び越えることができたのは、彼女がわたしの〝手前の女〟で、共有できる感情がわずかながらあったからだと思う。その上で、ユカリンが、わたしが男女誰に対しても抱きがちな「あなたの一番になりたい」というモノアモリー※な願望に対していい意味で鈍感だったことで、わたしを「見てると悲しくなっちゃう」ことが回避されているのかもしれない。

ユカリンが実践する、他者と対等に合意をとって関係を維持するポリアモリーの考えは、恋愛でも友情でも「してもらう」「わかってもらう」ことに重きを置くくせに、言葉で白黒つけることは回避し自滅し続けていたわたしの甘えを撃破してくれたように思う。お互いの「わかりあえない」部分があることを当然として接する相手だからこそ、過剰な「わかってくれる」を押し付けないですんでもいる。

ポリアモリーになることはおそらくないし相変わらず家に大きな本棚がある人間ばかり好きになるけど、このところはどうにか他の友人からも「悲しくなっちゃう」と言われるところからは脱した。ルールを越えたり破ったりするものではなくて新しく引き直すものと捉える彼女の強さは、わたしの今の目標の一つだ。

（※）相手を一人に限定した恋愛の価値観のこと。

いつかわたしを見限るあなたへ

「縁を切ればいいんじゃないですか、母親と」

予備動作一切なしにミキさんが放ったボールは、正面から顔にぶち当たった。わたしは「えっ」と間抜けな声を出す。

いくらなんでも事もなげに言い過ぎだろうと思ったが、彼女は実際、自分が挙げた結婚式に母親を招待していなかった。現実に修羅場をくぐり抜けた人の言葉は重い。氷が溶け切ったアイスミルクティーの中ストローをぐるぐるとかき回しながら「うーん、そうですねえ……」と返答を先延ばしにする。

先送りしていた〝母殺し〟

イギリス留学の直前。わたしは母が暮らす実家に滞在していた。4年ぶりの同居だ。一人暮らしの家を引き払うときに残った家具や本を実家に置かせてもらい郵便の転送先も実家に指定していたので、自然な流れであり、母もわたしと過ごすのを楽しみにしていた。しかしこれがよくなかった。1ヶ月の間に、ささいな口喧嘩が無限に発生したのだ。

例えば、コンタクトレンズ洗浄液のボトルを洗顔中に滑り落としてしまったのをリビングから「なぁに、今の音」と聞きとがめられる。粗忽さをからかうような声音に謝るほどでもないだろうと無視して身支度を続けていたら、そのことを怒られて、口論になった。

逆にわたしがリビングを通るときについ、母が見ているドラマの、刑事なのか犯人なのかわからない役が絶叫しているのを聞いて「なんかさあ、日本のドラマってやたら叫ぶよね」と言ってしまったがために、「毎日くだらないドラマばっかり見てるって私のこと馬鹿にしてるんでしょ」と母が泣きだすこともあった。

母の嗚咽は激しく、わたしは、持っているとも気づいていなかった錐《きり》をうっかり人の胸に刺してしまったような気持ちになった。わたしの胸も痛かった。すぐに謝ろうとしたのだが、彼女はそこで「明日誕生日だっていうのになんのプレゼントもなしに友達と出かけようとしてるし」とたたみかけてきた。たしかにわたしはこの日、友達と旅行に行く予定で、プレゼントは戻ってきたときのお土産でいいだろうと思っていた。雑だったのは否定できない。しかし、これまで何年もわたしが企画し弟にも声をかけてプレゼントを準備してきたのだ。今年1回やや手を抜いただけでこんなふうに言われるのか、と悲しさと虚しさが押し寄せてきて、謝る気持ちは失せ、悔し涙が出てきた。

旅行の出発時間が迫っていたのもあり30分以内には仲直りしたのだが、これなら最初からマンスリーマンションなどを借りたほうがよかった、といたく反省した。過去に、28年もいっしょに住んでいたのが不思議なくらいである。

ミキさんがボールを投げてきたのは、わたしがそんな近況を話しつつ「いろいろな人間関係に悩んでいたけれど、やっと、向き合ったほうがいいのは、母親との関係なのかもしれないなと思ったんですよね」と言ったときだった。

うーん、そうですねえ……。でも、わたしお母さんのこと大好きなので、と返しそうになったが、そんなこと、ミキさんは当然知っている。わたしたちは自分たちや周囲の話をしては「〃母殺し〃ができていない」「〃父殺し〃ができていない」と分析し、母の娘/父の娘トークに勤しんできたのだ。ミキさん本人だって、母親が憎くて縁を切ったわけではない。必要な母殺しだ。彼女には効果があったからこそ、わたしにも、同じ手段を提案してくれているのであった。その発言には、さらりとしているからこその説得力、そのさらりと言われたことに全力で抵抗してしまう自分に気づかせる力があった。

家族というシステムに散々振り回されてきたしクソ食らえと思っているが、わたしは一度も、母とのそれを考えたことがなかった。父とは切るまでもなく疎遠で向こうから来た誕生日の連絡を無視しても何も感じないし、人間と揉めたり職場でキレたりするたびに縁切りで有名な安井金比羅宮に駆け込んでいるくせに、である。娘という立場を最大限に生かして、母に寄りかかっている自分がいる。

一人暮らしをしている間、母親とこじれることはなかった。毎日LINEが来るようなことも、日々の行動にあれこれ物言いをされることもない。世間で聞くような、結婚や出産を求める圧もない。母は母の人生を生きている。わたしはわたしで母の日や誕生日以外にはあまり連絡しないし、年末年始などに家に帰っても2～3時間で立ち去るようにしていた。しかしちょっと同じ家で暮らすだけでこんなに泣いて喚いて喧嘩するのは、放置したままになっている、何かの歪みがあるのだろうとさすがに思う。

女友達に寄りかかりすぎる

母との関係を考えるうち脳裏によぎったのは、女友達との関係だ。

正直、母と揉めていない間、女友達とは揉めまくっていた。パターンは決まっている。わたしが、YやZのようなわたしに大して関心がない相手に恋をし、周りが見えない猪突猛進メンタルになる。しかし、その当の本人にはその猪ぶりを極力隠して四六時中顔色を窺って過ごす。

すると、何が起きるか。自分の性質と状況の歪みが深刻になり、女友達にケアを求め、女友達にむしろ依存するのである。キャパシティに余裕がある当初はおおらかに受け止めて話を聞いてくれるその人は、だんだん、わたしの日常を逐一共有されることにも疲れるし機嫌をとってあげることにも疲れるし永遠に同じことを繰り返しているのにも疲れてくる。

最終的に、とにかく「話を聞くのが悲しくなっちゃった」のでしばらく距離を置きたい、とはっきり言われたり、おそらく遠回しに言われていたのにわたしが気づいておらずブロックで思い知らされたりするのを人生で繰り返してきた。異性とは別れ話などめったにしない（付き合ってもいないし感情が双方向でもない）。しかし、なぜか同性とは別れ話めいたやりとりが生じる（付き合っていないが感情が双方向なので）。

20代の時点で、特別親しくなった友人とはひととおり事故った。ある人は離れていき、ある人はわたしの話をあえて傾聴しないスタイルをとるようにしてくれたので、しばらく大きなトラブルが避けられていた。この〝親しくなる〟ときもいつも極端だ。数年前に友達と揉めた際は、そのとき好きだった男性、彼女、その彼女のパートナーすべての相手と週3～4回は会っていたことに気づいた。そんなに会うのが可能？と思われるかもしれないが、全員知り合いで同じ飲み会で集まったり同じ日にはしごしたりしているので成り立っていた。こんなに密着していては誰とでも揉めるわと思い、そもそも物理的な接触回数を減らした。

だいぶ改善していたのだが、波は留学直前にもやってきた。Yとのあれこれで。

そのときのわたしは、Zとはすでに音信を絶っていたが、（自分でも呆れるが）まだ一旦振っ切れたはずのYには心を左右されていた。彼は酔っ払って「付き合いたい」と言ってくることもあったが、翌日半信半疑で確認するわたしに眉毛をハの字にしながら土下座して謝ってくるような人間であった。不毛な期間だったが、恋愛ステータスに一時停止ボタンが押されているぶん、仕事や趣味に専念できていたのだとは思う。時折他の男性と交際するも、このレベルで他人のことを思いやるのは今の働き方をしている間は無理だなと思う中で痛感した。わたしはわたしで彼を都合よく利用していたのだ。

といってはみても関係がサステイナブルではなかったのは、インターネット交通ルールを破っての玉突き事故が起きたことからも明らかである。続けば続くほど心の地盤がぐらついているのは気づいていたから、留学という物理的期限を設けることにしたのだ。

大きな変化には反動がつきものだ。ユカリンとの出会いで軽減された部分もあったが、退職、留学、引越し、そして異性関係を断ち切ることへの不安が、ふたたび女友達ずぶずぶ期をもたらした。退職に向けてどんどん暇になったのも問題だった。四六時中孤独感に支配され、ＬＩＮＥや電話やＺｏｏｍをせがみ、むしろ彼女たちとの間のコミュニケーションが暴力と傲慢と狂気をはらみながら時間と愛情を搾取するものになった。

こうした揉め事が、わたしというモンスターによる一方的な搾取かというと、（自分で自分を擁護しているようにしか聞こえないが）１００パーセント悪辣なものではないのも事態をややこしくしている。向こうは向こうでわたしとの親密さを一定のラインまでは楽しんでいる、とは思う。

衝突は、女友達すべてと発生するわけでもない。聞き上手な友人は多々いるのだけれど、衝突するタイプは限られている。例えばミキさんには散々話を聞いてもらっているが、事故ったことがない。ミキさんは「ひらりささんのことしんどいなと思ったときは、ひらりささんにわからないように距離を置いて、大丈夫になったら戻ってきてますよ」と断言している。

ある人から、わたしとの関係があと少しで決壊する三つの理由が１０００文字超えのＬＩＮＥで送られてきた。激しく落ち込んでいるわたしを見て別の友人が「りささんはもっと、私に依存したらいいんじゃない？　わりとキャパあるよ」と言ってくれたことがある。しかしそんなことを言うその人は女との親密さを心から楽しいと思う女ではないのが明らかで、原始的不能なのだった。わたしはわたしに1000文字超えのLINEを送るような情の深い女を見分け、好んでしまう。

それぞれ生活があって、心の調子にも忙しさにも波があって、それを勘案しながら相互に親密さを提供しあえればいいのだが、わたしは一度猪スイッチが入ると相手の事情というものが見えなくなってしまう。

特に愚かだったのは今回は女友達Aからブロックされた際に、相手が限界を迎えていることに気づかなかった己の鈍感さにショックを受け、「わたし今ダメダメっぽい」と、しばらく連絡していなかった別の女友達Bに甘えさせてオーラ満々のLINEをしたことだ。Bから「究極死ねばいいじゃん」と返ってきた瞬間、わたしは己がとんでもない間違いを犯したことを強烈に思い知った。彼女はそのあとぽつりと「今りさちゃんの話聞く余裕ないんだごめん」と続けた。彼女も彼女でいっぱいいっぱいだと、彼女のTwitterを見れば、本当はたやすくわかる状態だった。それを見て見ぬふりしていたのに、他の女と仲良くして都合のいいときだけ甘えようとした自分はまぎれもなく実質死罪だった。

そんなわけで30歳をとっくに過ぎたというのに、ブロックされたり謝ったり死ねと言われたり相手を泣かせたりわたしが自己嫌悪で起き上がれなくなったり時間をかけて仲直りしたりふたたび仲良く電話したりしていた。女と。

昨今、恋人や友人など、既存の社会的なカテゴライズにとらわれず、個別の「あなたと私」がどういう関係でいたいかを重視する〝クワロマンティック〟という概念が提唱されている。わたしが女友達に求めているコミットメントや愛情というのは、この概念に近い気もする。しかし、その柔軟さに乗っかると際限なく悪用してしまいそうで、わたしはこの言葉が怖い。

〝母〟を求めていた

話を母に戻そう。

意地悪く振り返れば、わたしが一部の女友達に求めているのは、今の母に満たしてもらっていない〝母〟の役割なのだとわたしは思っている。

わたしは、実の母親にだけは恋愛の話ができない。一度もしたことがない。それは潔癖さというよりは、わたしが、母に恋人ができたと教えられた中学三年生の夏にとてつもない敗北感を味わったからである。その敗北感とセットで刷り込まれたのが、恋愛の話を共有することこそが女同士の親密さなのだという誤解だ。わたしの母はあの夏わたしのもとを去りかけ、わたしはずっとそれを責めながら──わたしにそんなつもりはないがずっと責めているでしょと母は言う──ふらふらと代わりの母を探している。わたしは恋愛話の共有を求めるくせに、女友達の恋人に会うのがあまり得意ではない。嫌いになるわけではないのだが、変に張り合ってしまう。

「友達」という対等なひびきの関係者の中から〝母〟になりそうな女を物色し、無償の愛をせびる悪徳を積み重ねているから、わたしは女たちと揉め、彼女たちのパートナーに対抗してしまうのだ。小学生みたいである（小学生に失礼か……）。

そうしてわたしの恋は、彼女や彼女や彼女を〝母〟にして駆動し、〝母〟がいる限り持続する。逆に、寄りかかる〝母〟がいらない関係は、すぐに終わってしまう。わたしが求めているのは恋愛なのか、〝母〟なのか、そのどちらもなのか、とよく考える。卵が先か鶏が先かの議論のようで結論は出ない。

少女漫画・ボーイズラブ由来の異性愛規範にがちがちに囲まれて育ったわたしは、どんなに親密さを女に感じても、恋人というフォーマットにそれを落としこむことがない。代わりに最大の親密値が可能な関係として母娘のフォーマットを濫用する。あるいは、近親相姦じみたタブー意識が先にあり、むしろ女と恋人にならないのだろうか？　だから、××との関係も、恋人ではなくて母娘で、わたしは母親に恋人ができたのが許せなかったのだと解釈できるのかもしれない。まあ考えても堂々めぐりだし、不毛だ。

ミルクティーを飲み終えてミキさんといっしょに店を出ると、実の母親から「夕食、豚肉の生姜焼き作っておいたよ」とＬＩＮＥが来た。実家に滞在中、わたしはほぼ無職だというのに、働いている母親に食事を作ってもらっていた。留学を終えて正式に日本に帰国した際にもきっとわたしは、家が見つかるまで実家に滞在させてもらうだろう。そうやってずるずると実家を出られなくなる、こともあるかもしれない。

今ここで母のＬＩＮＥをブロックして、荷物も忘れて、姿をくらましてしまったほうがいいのではないか、と一瞬考えた。いや、この母だけじゃなくて、すべての母と？しなかった。家に帰り、母を待ちながら一人で生姜焼きを食べた。結局わたしは誰とも、完全には断絶していない。でも、もう自分の惰性に自分を委ねて自分も他人も削るのは絶対にやめようとも誓った。時間と命が足りない。今は他人との間に透明な仕切りを置いたイメージでコミュニケーションをしている、つもりだ。少なくとも努力はしている。

わかっている。わたしに必要なのは〝母〟殺しではない。殺さなくてはならないのはいつまでたっても誰かの〝娘〟になりたがるこの自分のほうだ。殺さなければ、わたしは見限られる。すべての女に見限られても本当は平気なのだと思うことが、第一歩なのだろう。

Chapter

3

まだフェミニストって言いきれない

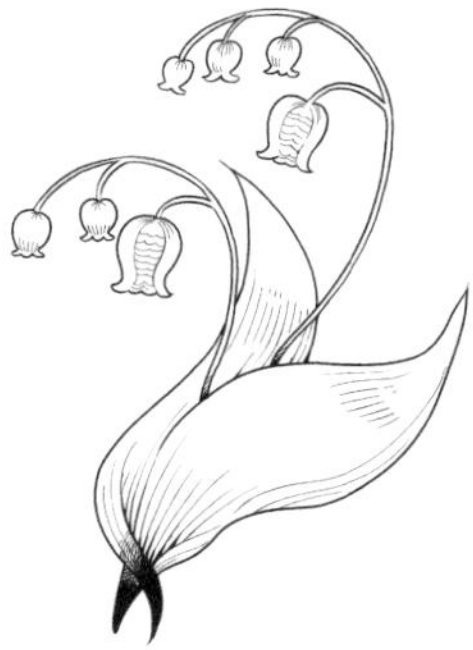

切り裂かれた女たちのアーカイヴ

1年間、ロンドンの大学院の修士課程で学んでいた。

進学したコースの名前は〝Gender, Media & Culture〟。社会学部とメディア・コミュニケーション学部の共同開講という立て付けで、専攻の紹介ページには「このコースでは、フェミニスト社会文化理論の学際的なドメインだけでなく、社会学とメディアの分野でジェンダーに関する最近の議論を学ぶことができます」と書いてある。すぐピンとくる人は少ないだろう。わたしも、実はあんまりわからずに入ってしまった（同じコースに来ていた別の日本人の方はコースガイドを熟読して内容を理解していらしたので、わたしが無鉄砲すぎただけであるが）。

ぶっちゃけて言うと、具体的に何をやるのか微妙にわかりにくいコースであることを好ましく思って選んだところがある。ジェンダーやフェミニズムについて勉強したいと思ったのはたしかなのだが、Gender Studiesなどとストレートに名づけられているコースに出願することに、抵抗があったのだ。仕事も住まいも貯金も全部捨てて留学してやるぞ、と清水の舞台から飛び降りる素振りをしておきながら、「留学後に転職活動をするときに、ジェンダー論やってましたとしか言えなくて大丈夫なのだろうか」と心配してしまったからだ。とっさに思いついた逃げ道が「転職活動の際にはメディア論、と言えそうなコースを選ぶ」だったわけである。資本主義に骨抜きにされた臆病なチワワと罵られても仕方がない。そんなチワワが「イギリス　大学院　ジェンダー　メディア」で単純にググった結果出てきた数少ないコースの一つが第一志望となり、進学先となった。

志望理由書には「高度資本主義社会における女性の役割と、その役割を表象を通じて生成しているメディアの関わりについて学び、スペシャリストとして活躍したい」みたいなことを書き、会社を退職するときにもそのように伝えた。

よく思い出すと、そもそも研究へのモチベーションの前に、ロンドンで暮らしたい願望があった。それをかなえる手段として、このところのフェミニズムへの関心を持ってきたという順番である。

ロンドンを訪れるのは、大学院留学が5回目。ドラマ『SHERLOCK』にハマっていたとか、美術館や劇場がたくさんあって楽しいとか、大きな川がある土地が好きとか、細かい理由はすぐ浮かぶ。ただ、そういう理由をどれだけ挙げても、あまりしっくりこない。でもなんだかロンドンに行きたいのだ、と自分に言い聞かせて渡航準備を乗り越えた。

リッパロロジストに憧れていた

ふんわりした動機をかき集めて始まったロンドン生活。最初は自分の英語があまりにも通じないし他人の英語があまりにも聞き取れず、授業中涙目になった（比喩でなく、本当に）。withdraw（退学）についての規定を読み耽って、何週目までにやめたら次学期の学費を納入しなくていいかを確認したほどだ。

それでも、ロンドンへの愛着は増していった。知れば知るほど好きになる街だった。テムズ川まで地図を見ないで歩けるようになったし、ウエストエンドのミュージカルのチケットを最安で押さえる方法を知った。買いたいものによってスーパーマーケットを使い分けられるようになったし、トラファルガー広場のそばで世界一美味しいジェラート屋を見つけた（「世界一」は店の自称なのだが、嘘偽りなく美味しかった。日本に帰ってきてからも本当に恋しい）。

その言葉が浮かんできたのは、ようやく身体に街のリズムが刻まれ始めたハロウィンの週末だった。ソーホー地区で映画を観て、ゾンビや悪魔のコスプレをした若者たちの間を縫って歩いているとき、脳内で何かの歯車が噛み合ったのか、喉元に押し出されてきた。

リッパロロジスト。

そうだ。わたし、中学の頃リッパロロジストに憧れていたのだった。

リッパロロジストはRipperologistと綴る。切り裂きジャック（Jack the Ripper）の正体を探る研究家を指す言葉である。

切り裂きジャックのことは、知っている人も多いだろう。1888年にロンドン・ホワイトチャペル地区で猟奇殺人を繰り返したがいまだに正体を知られていないシリアルキラーの通称である。
犠牲者から子宮などの内臓が持ち去られたり凄惨に切り刻まれたりしていたことや、新聞社や警視庁に犯人からと思われる挑発的な手紙が届いたこと、さまざまな模倣犯を生み出したこと、それにもかかわらず真相が不明のまま100年以上が経ってしまったことなどから、「切り裂きジャック」はもはや実在事件の加害者を超えて、偽史や風聞、都市伝説、そこから生まれたフィクション群のイメージすべてを覆う概念となった。近年だと、人気ソーシャルゲーム『Fate/Grand Order』でもキャラクター化されている。

わたしが切り裂きジャックを知ったのは、子供の頃、『名探偵コナン ベイカー街の亡霊』を観たときのことだった。2002年に公開され、『名探偵コナン』の劇場版アニメの中でも屈指のヒットとなった本作は、ゲーム開発者刺殺の謎を解くためにコナンたちがバーチャルゲームの世界に入り、仮想空間中のロンドンを、シャーロック・ホームズの力を借りて奔走するというストーリー。仮想空間をめぐるシナリオ自体も面白かったけれど、わたしが大きく引きつけられたのは、バーチャルゲーム空間として描かれた大英帝国時代のロンドンと、その深い霧の中を跋扈《ばっこ》するヴィラン、切り裂きジャックの存在感だった。

その頃わたしは『名探偵コナン』を入り口に、シャーロック・ホームズやミス・マープル、青い鳥文庫から出ていた松原秀行の『パスワード』シリーズなどをひとしきり読んで、西尾維新の〈戯言〉シリーズなどの新本格ミステリに手を伸ばし始めたところだった。ぎすぎすした家庭やままならない思春期の鬱屈から逃れるのに、遠く離れた帝国を現実に跋扈した正体不明のシリアルキラーは魅力的すぎた。

図書館で調べると、日本では仁賀克雄《じんかかつお》という作家が何冊かの研究書を出していた。リッパロロジストという単語を知ったのは彼が名乗っていたからだ。『図説 切り裂きジャック』という本を借り、彼が語る切り裂きジャック推理と大英帝国の情景を貪り読んだ。

当時の警察の捜査はすべて状況証拠で展開され、DNA検査などが発展した現代でも、切り裂きジャックの正体に最終解答は出ていない。そのためリッパロロジストたちは、歴史的な裏付けを抜きに、自由に想像力を働かせて、ジャックの正体を推察していいことになっている。

『ベイカー街の亡霊』の上映と同年に刊行された服部まゆみの小説『一八八八 切り裂

きジャック』は、実際の容疑者、著名人から警察まで、事件当時の1888年に実在していた100人以上の人物を登場させ、架空の日本人留学生・鷹原惟光《これみつ》が切り裂きジャックの正体に迫るという趣向をとっている。ヴィクトリア女王にアルバート・ヴィクター王子、森鷗外、エレファント・マン、そして作家ヴァージニア・ウルフ。『自分ひとりの部屋』をはじめ、フェミニズムを語る上で外せない数々の批評や小説を世に送り出した彼女の名前を知ったのも、切り裂きジャックがきっかけだった。

わたしも物語として消費していた

思い出した。大学の卒業旅行の行き先にロンドンを選んだのは、わたしが切り裂きジャックを好きだったからなのだった。

中高を通じて親しくしていた××と「いつか行こうね」と話していた。彼女とわたしにはミステリー小説における探偵とワトソンの関係萌えという共通点があった。『一八八八 切り裂きジャック』を読んだあとはむしろ××のほうが「わたし、将来リッパロロジストになりたいな」と言っていたほどだ。

しかし大学卒業時点で、××とはいっしょに旅行に行けるような状態ではなくなっていた。わたしは大学でできた別の友達を誘ってロンドンへ飛んだ。切り裂きジャックゆかりの地をめぐる約2時間のウォーキングツアーを予約して。

夜の19時。スタート地点であるホワイトチャペル・ギャラリー前に着き、困惑した。わたしのようなリッパロロジスト志望（?）が集うのかと思いきや、そこは仲睦まじそうにいちゃつくカップルに溢れていたのである。

戸惑いが引く間もなくガイドが号令をかけ、ツアーが始まった。

ホワイトチャペルはいわゆるイーストロンドンと呼ばれるエリアに位置する。若手クリエイターが集まりヴィンテージショップが並ぶショーディッチや再開発によってぴかぴかの建物が建てられたスピタルフィールズマーケットに隣接しており、かつてのスラム街には見えない小ぎれいな雰囲気をまとっているが、それでも夜は暗い。

街灯の少ないほうへとツアー客を誘いながらガイドは、貧民街だった当時のホワイトチャペル――ロープをぴんと張った上にもたれかかって夜を過ごすだけの場所すら一晩1〜2ペンスで泊まれる木賃宿として営業されていたこと、ベッドで眠る数ペンスの支払いをまかなうために売春をする女たちがいたこと——について話していく。その女の一人が切り裂きジャック最初の犠牲者になったと神妙な顔つきでガイドが明かし、おどろおどろしい当時の新聞画のコピーをパッと出すと、カップルたちが「きゃ〜怖い〜」的な英語を発して騒いだ。わたしは酷く苛《いら》ついたのを覚えている。しかしガイドも、カップルたちの叫びを引き出せたことを喜んでノリノリになっていた。ツアーは結局肝試し目的で参加している客が多く、ガイドは帰りに「切り裂きジャックに襲われないように気をつけてください！」と挨拶をして、ふたたびカップルたちを喜ばせた。わたしは、遊びじゃねえんだぞ、と叫びそうになったが、英語もできないので単に黙って立ち去った。

そこまで記憶が蘇って、気づいた。

いや、遊びだったよな、あれは。

だって、ウォーキングツアーだ。観光だ。カップルとわたしの間に、別になんの線も引けなかった。あそこにいる者たちは例外なく全員、切り裂きジャックとその被害者を消費していた。

時代背景への知的好奇心に根付いているといくら言い訳しても、わたしの切り裂きジャックへの関心は、現実逃避の娯楽だった。わたしは、わたしが殺される側にいると思っていない消費者だった。今は万人にとっての恐怖のソースと化している切り裂きジャックは、元を辿れば立場の弱い女ばかりが殺された出来事だ。女が殺される物語を消費する側に立つことで、わたしはわたしが殺される可能性から、わたしを締め出して、安心したかったのかもしれない。

切り裂きジャックの正体や容疑者たちの物語を中心に置き、女たちの死体を、冷たい蝋人形として視界の隅に配置している間、わたしは被害者と重なりうる「女」のわたしを、棚にあげることができていたのだった。当時はそこまで考えてはいなかった。けれど、隣ではしゃぐカップルを見た瞬間に、わたしが自分にかけていたメタの魔法が解けた感覚はあのときもあった。だから、それからは、切り裂きジャックのことを忘れていたのだろう。

見過ごされていた女たちの存在

思い出したのは街に慣れ始めたのもあったし、コースで受けた授業のためでもあった。必修科目の初回テーマは「認識論とアーカイヴ」。

図書館や公文書、博物館、大学といった知識のアーカイヴ（保存記録）に着目し、こうしたアーカイヴ自体がそもそも男性社会や白人社会の特権によって構築されているため、フェミニストの仕事には、そうしたアーカイヴに対する人々の認識を転覆させたり、それまでの公的な歴史記録では黙殺されてきたような弱者の声を拾い直して新しいアーカイヴを作ったりすることも含まれるのだ、という話だった。

アーカイヴというと記録やものを想起するかもしれないが、生きた、そして死んだ人間が語ったことや語らなかったこと、わたしたちが日々感じる感情や抱えているトラウマなどもフェミニズムのアーカイヴになりうるのだと、教師は言った。

引用される文献の膨大な量にめまいがしたし、口頭のレクチャーは3割方しか理解できなかったものの、「既存の価値観を疑うこと」と「自分の感じ方を大切にすること」

がフェミニズムの第一歩なのだ、と念押しする言葉は、わたしの胸に深く刺さった。

膨大な展示物で人々を楽しませる大英博物館《ブリティッシュ・ミュージアム》や王立植物園《キュー・ガーデン》が、略奪と蹂躙《じゅうりん》の見本市でもあるように、ウォーキングツアーに刺激をもたらす薄暗い路地は、女たちの血と悲鳴のアーカイヴだ。

血と悲鳴を神秘性に変えて延命してきた吸血鬼みたいな街で、お化け屋敷の蝋人形に魂を吹き込み直す降霊術。被害者たちには名前がある。忘れられていただけで。書かれていたけど、見過ごされていただけで。

生きるか死ぬかの話としてフェミニズムに向き合う出発地点は、わたしにとっては、やっぱりロンドンだったのだと思う。舗装し直されたアスファルトにルミノールを垂らしても、もう彼女たちの血痕は浮かび上がらない。ツアーガイドの説明がなければ、陰惨な殺人現場にも見えない。でも、そこで彼女たちは死んだし、それは今も消費されている。どうしてここを選んだのか？　わたしも無邪気に女の悲劇を消費してきたからだ。

そうした場所は、日本にもたくさんあるだろう。日常すぎて気づかなかっただけで。別の仕方で向き合い、世界の意味を読み替えて、彼女たちと出会い直さなければならない。その反転は、わたしが押し殺してきたわたし自身の声を探り当てることでもあった。鈍色の曇り空の下、日光不足対策のビタミンDタブレットを噛み砕きながら、目を凝らして、耳をそばだてる練習をした。

修士論文は「腐女子がボーイズラブを読むことで得たaffect（情動）は、彼女たちの現実世界でのクィアネスやフェミニズムにどう影響するか」という題材で書いた。全く再就職で有利にならないテーマである。

メアリー・アン・ニコルズ、アニー・チャップマン、エリザベス・ストライド、キャサリン・エドウッズ、メアリー・ジェーン・ケリー。容疑者や著名人のリストを眺めて悦に入るより、わたしは命を奪われた彼女たちの名前を何度でも唱えるべきだった。リッパロロジストではなく、フェミニストになるために。

棒の重さを考える

中学の頃、物理の成績だけ悪かった。苦手だったのが、てこの原理の問題だ。おもり×支点までの距離の計算式を組み合わせて解を導く流れ自体は難しくなかったが、わたしを悩ませたのが、必ず添えてあった注意書きだった。「ただし、棒の重さは考えないものとします」。どう見ても棒あるし重さあるじゃん。そう思うと注意力が削がれ、どこかでミスをした。

ここ1〜2年フェミニズムの勉強を真面目にするようになってから、この注意書きをよく思い出す。

30歳を過ぎてやっと見えたもの

20代半ばまで、フェミニズムについてほとんど知らなかった。

母親が離婚後就職に苦労する中で「女の子こそ手に職をつけたほうがいい」と繰り返されていたけれど、そこに結婚や家父長制そのものへの疑いは薄かった。通っていた中高一貫女子校は女性の権利についての教育に余念がなく、女性参政権の歴史は丁寧に教えられたし「選挙には絶対行け」とどやされた。いわゆる第一波フェミニズムにあたる部分をしっかり仕込まれたわけだ。大学の一般教養でジェンダー論をとったのも、中高で芽生えていた関心のおかげだろう。しかし残念なことにこの科目の成績が振るわず、成績至上主義のガリ勉人間だったわたしはその後ジェンダー関連の講義を避けてしまった。本当に愚かなことだ。

大学のゼミで同級生男子から上から目線の容姿ジャッジをされたとき。「おじさんを転がせると思って採用したのに」と上司から罵《のの》られたとき。その前にフェミニズムをちゃんと学んでいたら、違う振る舞いができたのかな、と今でも頭をよぎる。自分は美人ではないし、仕事ができないし、最低限度の「女」ができていないから、当然の扱いを受けているのだと諦めていた。

仕事で成果を出せるようになったらハラスメントを受けることが徐々に減ったのも、むしろその認識を強めてしまったかもしれない。「わたしが受けてきた扱い、やっぱりおかしかったな」とは思ったけれど、告発や抵抗の気力はなかった。学べることを学びきったという前向きな理由が得られたときにその場を去ることが、すり減らされた自分の心身を守る精一杯だった。

やめたあと、同僚たちから「さすがに彼もあなたがやめたときに反省して、自分の態度を見直している」と教えられた。その上司、その職場には学べることがたくさんあったのは事実で、彼ら彼女らはその後も長く働いていた。

わたしは、生き残ったわたしをいたわるべきなのだろう。それでも心身のどこかに、じくじくとした膿を持つ傷が居座っている。わたしが上司を糾《ただ》さなかったことが、もっと年若い誰かに、被害を引き継がせた未来もありえたからだ。いや、〝代わりの女〟がいた3ヶ月間に起きたことを考えると、わたしは全く罪を免れていない。わたし本人以上に、状況を理解しつつも強く言えなかった周囲と、上司自身に重い責任があるのは大前提としても、である。

そこからさらに年をとり、より下の世代に引き継がれる苦しみは、わたし自身の経験を超えてもっと広く存在していることに気づいた。半径3メートル以内での死闘がひと段落したからやっと、この世の女性たちの周りに張り巡らされている無数の罠に、目を向けられるようになった。ずっと早くに気づいていた人々もいるだろう。しかし、30歳前後でやっと見えたものがある人は、わたしだけではないとも思う。

自分が内面化しているものと闘いつつ、自分より年若い誰かのために何かをしたいという焦燥が、同世代の女たちをフェミニズムに向かわせていると思う。フェミニズムは一人一派と言われるけれど、抑圧の連鎖を断ち切りたい気持ちはかなり多くの人に共通するのではないかと、最近は思うようになってきた。祖母、母、娘の3代の人生を綴った韓国の小説『82年生まれ、キム・ジヨン』が日本でも大ヒットしたのも、そのメッセージが強く込められていたからだろう。

「タクシーで帰ってほしい」と言われて

このようにわたしは、「女」として生きる中でそれに伴う思い込みや振る舞いを押し付けられたがゆえに、生活の中で傷ついてきた人々に対しては、考え方ややり方は違っても、何かしらでつながれている感覚を抱いている。まだどうしてもうまくつながりを感じられないのは、そうでない相手――つまり「男」で、フェミニズムの立場に立っている人だ。慎重に絞っていうと、男性特権や加害者性に対しての罪悪感・贖罪意識でこちらに向き合ってくる男性に、かえって言いようのない溝を感じることがある。

一例を話してみる。コロナ禍の始まる少し前、とある男性と飲んだときのことだ。

十数名の業界交流会で知り合ったその人と、わたしはもう少し話したいなと思って、二人での飲みに誘った。彼は出版社で営業をしているが、いつか編集部に配属になったら、フェミニズムに関わる本を出したいのだと言っていた。もっとその話を聞きたかったのと、LINEをしている中でも興味のあるコンテンツがいくつもかぶっていて、友人として気が合いそうだと思った。平日の夜、彼がよく行くという新宿三丁目のスペインバルで落ち合った。

飲んでいる間は楽しかった。フェミニズムについて学べる文献をいろいろ教えてもらったし、映画や漫画の話などもたくさんした。時間はあっという間に過ぎ去ったのだが、飲み屋を何軒かはしごした深夜2時、彼がゴールデン街のなじみの店に足を延ばすと言い、わたしは帰ることにした。わたしの家は当時、新宿三丁目からそう遠くなかった。「歩いて帰ります」と言ったとき、衝突が起きた。彼に強い口調で止められたのだ。

「危ないから、タクシーで帰ってほしい」

たしかに深夜2時の夜道は安全とはいえない。西新宿や代々木などもう少し遠くで飲んでいたら、歩けない距離ではないものの、素直にタクシーに乗ったと思う。ただ、飲んでいた場所から自宅は、本当に徒歩十数分ほどなのだ。大きな通り沿いを歩いて帰れるし、歓楽街しか通らないから、むしろ人の目もある。新宿の映画館でレイトショーを観たあとも、何度も徒歩で帰宅していた。

「いや、これくらいの時間によく帰ってるし、大丈夫ですよ〜」と半笑いでいなしてみたのだが、彼は引かない。わたしのことを心配しているのはわかるが、ちょっと過剰ではないか。脳内が疑問符だらけになる中、彼は苦しみに耐えるような表情で続けた。

「自分と別れたあと、東京の夜道でレイプされた女友達がいて。僕と解散したあとにあなたがそういう目にあったら耐えられない。本当にタクシーで帰ってほしい」

有無を言わせぬ雰囲気に、わたしはゆるめた表情を引っ込めた。わたしはわたしの人生の中で自分なりに自分の安全を見積もり行動しているつもりだが、彼の経験からすると、どうやら不十分なようだ。理由は理解したし、わたしが折れて数百円のタクシー代を払えば円満に解決するのは明らかだったが、それでもわたしの行動を制限されることには、違和感があった。「レイプ」という言葉を彼は切実な根拠を示すために挙げたのだろうが、そのときのわたしには一種の脅しを受けたようにも感じられた。それでもその瞬間は、彼を合理的に説得する言葉が浮かばなかった。

うーん、どうしよう。しばらく沈黙したあと、わたしは伝えた。

「わかりました、タクシーで帰ります。あの通りでつかまえますね」

こうしてわたしは、彼には見えない死角でタクシーを拾うふりをして、そのままこっそり歩いて帰ったのだった。

個人として無視されたくない

　これを読んだ人の中には、わたしのことを、他人の気持ちをむげにする大馬鹿者だと考える人もいるだろう。たしかに、彼は本気で誠実に、わたしを心配してくれたとは思う。女友達の話を明かされたとき、わたし自身も非常に痛ましく感じた。その晩も、それまでの晩も、わたしが無事に自宅に帰り着いたのは、単に幸運なことで、あと何度か夜道を歩いて帰るのを繰り返したときに、わたしが危ない目にあう日もやってくるかもしれないと、わたしも知っている。スカウトの男性から不快なキャットコールを受けることはあった。本当はそういう目にもあいたくないし、それ以外の目にももちろんあいたくない。

　それでも、だ。わたしが極力危ない目にあいたくないことと、わたしがどう振る舞うかはわたしが決めたいことは、同じくらい大事だと思う。夜道の徒歩とタクシーだとわかりにくいかもしれないが、これが、ミニスカートを履くか履かないかだったらどうだろう？　「ミニスカートを履いていた女友達がレイプされたことがあるんだ。危ないから、ミニスカートを履かずに街に出てくれ」と言われたときに、女性はその嘆願を尊重すべきだろうか？　わたしはそう思わない。

わたしと同じ状況で、別の行動や考えをとる女性はたくさんいるだろう。わたしがとった行動や考えが、誰にとっても正しいものだとも思っていない。しかし、わたしが今回本当にしたいのは、その正しさの検討ではない。

つまり、彼のようなタイプの人――男性ジェンダーの加害者性に対して責任を強く感じフェミニズムにたどりついた人が、その反面、目の前のすべての非男性に対して〝か弱い被害者〟という眼差しを向け、相手個人を、ひどく無視してしまうこともあるのではないかということだ。

よく考えたら、飲み会でフェミニズムに関わる話をしている間も、彼の言葉は、自分の罪悪感の吐露が中心だった。本当はわたしは、しゃべっている間は楽しくあろうと努めていただけで、うっすら居心地が悪かったのではないか？　わたしは自分で自分を守りたいし、自分の意思で何かを選びとることのできる存在として、わたしを見てくれない人と話したくはない。

難しいのは、彼は彼で、傷ついてきたのだろうとは窺い知れることだ。その点でわたしたちには似たところもある。わたしだって、自分の傷つきをきっかけに、フェミニズムに興味を持ったからだ。彼が自分なりのイデオロギーで実践・発信したことに、救われた人たちもきっといると思う。だとしても、わたしが「潜在的被害者」として彼の気持ちをありがたく受け取らねばならないというのはやっぱり違うだろう。

一方でわたしもきっと、総体としての男性の加害者性に厭気を抱きすぎて、男性個人に「潜在的加害者」のレッテルを貼ってしまったことが、ないとはいえない。フェミニズムの勉強をしていると、自分の加害者性に気づかされることも多い。誰も彼もが、貼られたレッテルに苦しんだり、何がしかで傷ついたりしている。社会にとって正しいと思ってやっていることが、同時に、自分の傷つきを解消するための代替行為でもありえる。じゃあどうしたらいいんだって言われると、わたしの中でまだ答えは出ていない。すごく難しくて頭がこんがらがる。

細かい論点は捨てて、何事も単純に考えるべきだろうか？　そんなときに浮かぶのが、あの、てこの原理問題の注意書きだ。

ただし、棒の重さは考えないものとします。

なぜこの言葉が添えてあったかといえば、そうでないと、中学生には問題が解けないからだ。わたしたちが実現したいことを最短ルートでかなえるには、注意書きに従うように暮らすのが、スマートな態度ということはあるかもしれない。実際わたしが誘惑にかられ「考えないものとします」に流れたことも、かなりの回数あっただろう。

でも、今のわたしは知っている。その捨象《しゃしょう》の先には、個々の人間の捨象があり、やがて、わたし個人までが捨象される未来がある。それは、ものすごく嫌だ。つまり……〝棒の重さ〟はやっぱり無視できない。無視しないためには、本を読んだり現実の問題を追いかけたりして、自分なりに考えて、それを人に話して、省みて……を繰り返していくしかない。だから、勉強している。

タクシーの件を後日知人に話したところ、本人の意思を無視して個人の女性に自衛を求めるような言動の問題性は、フランス人フェミニスト・作家として知られるヴィルジニー・デパントの『キングコング・セオリー』でも紹介されている、と教えてくれた。10代の頃ヒッチハイク旅行をしていた際にレイプ被害を経験したことがあるデパントが、アメリカの個人主義フェミニスト、カミール・パーリアがレイプについて語った記事に衝撃を受けるくだりだ。

正確な表現は忘れてしまったが、だいたい次のような話だった。「レイプは避けることのできないリスクである。女性が家から出て自由に移動したいと思ったら、レイプのリスクを考え、そのリスクを負わなくてはならない。もしレイプされたら、立ち上がり、立ち直り、いつまでもこだわらないようにしなくてはならない。レイプがそんなに怖いなら、ママの家でマニキュアでもしていなさい」。読んだ直後は頭にきた。防御反応としての吐き気。でも数分経つと、心の中が静まりかえった。衝撃だった。…（中略）…そうだ、私たちはあんな目に遭ったけど、今初めて自分たちがしたことを理解した。パパとママの家では退屈だから、私たちは街に出たのだ。私たちはリスクをとって、その代償を払った。そして、生きていることを恥じるのではなく、立ち上がってできるだけうまく立ち直ろうと決めた。パーリアのおかげで、自分たちを戦士のように想像することができた。

――『キングコング・セオリー』柏書房（訳：相川千尋）

パーリアが主張するのは「レイプされるリスクを冒す権利」というかなりラディカルな考え方だ。タクシーで帰れと言われてモヤモヤしたわたしでさえパーリアの言い方にはギョッとした。しかしデパントは、パーリアの発想の根底には、レイプを含む女性に向けた暴力は政治で解決されるべきだという前提があり、性暴力とそのトラウマを軽んじるのではなく被害者への責任追及やスティグマを否定するものだと噛み砕いたのを読んで、膝を打った。賛否両論はあるだろうし、実際にリアルタイムでなんらかの被害を受けた人に、この本を薦めることができるかというと難しい。それでもわたしは、知ってよかったと思えるエピソードだった。

すごく難しくて頭がこんがらがるし、苦しいししんどいし、テストの問題と違って、たった一つの解答もないのがフェミニズムだ。今のところは全然うまくできてはいない。それでも、あがいていきたいと思う。

未来の彼女はメイクしているだろうか？

日々のささやかな楽しみがある。「だから私はメイクする」でツイート検索することだ。わたしが所属するオタク女子ユニット・劇団雌猫で2018年に刊行したエッセイ集のタイトルなのだが、コミカライズのヒット、ドラマ化などが続き、長く愛されるコンテンツとして、今でもその名前が頻繁にTwitterで流れている。

元々はメイクやおしゃれに苦手意識があったわたしが企画して出した『悪友DX 美意識』という匿名エッセイアンソロジー同人誌が原型の本シリーズ。出発点となったのは匿名の女オタクたちがそれぞれの〝美意識〟を語るエッセイなのだが、フィクションとして翻案されたコミカライズ、それを基にしたドラマ版は「自分の好きにメイクを楽しんでいるのに『隙がない』と敬遠されてしまう」「せっかくおしゃれした日に、職場の男性に〝採点〟されて気持ちが台無しになる」など、メイクやおしゃれを楽しむ女性たちの「あるある」な悩みにフォーカスを当てる。「メイクする理由は人それぞれ」という、当たり前だけど忘れられがちなメッセージを発信する作品だ。

ドラマでは主人公のBA（ビューティーアドバイザー）・熊谷すみれ役を、カリスマ美容家の神崎恵さんが演じる。脚本家やスタッフ陣が漫画・エッセイ集をよく読み込み、精神性をよく理解して制作に臨んでくださったので、大きいギャップはなく、コロナ禍に合わせた翻案なども先方にお任せした。

〝自分のため〟のメイクを楽しみたい

同人誌版からドラマまでを通して振り返ったときに、やはり少しずつ違いはある。より広くに発信されたコミカライズ作品とドラマでは、男女問わず〝自分のため〟のメイクをためらう人の背中を押していこうという強い想いが明確に加わっている。漫画を担当されたシバタヒカリさんが、〝好き〟に向き合う人のきらめきを描く天才だったことも大きいが、もう一つ、ここ数年で、「自分で自分を愛していきたい」というムードが世間で一気に高まったことも、『だから私はメイクする』上のメッセージに影響したと思っている。

原案者として印象的だったのが、ひょんなことからドバイのビューティーサロンで働くことになった女性・ツキノワグマさんのエッセイを下敷きにしてできたキャラクター・月野輪子《りんこ》のエピソードだ。漫画とドラマでは、どちらも、自分に自信が持てずに自虐してしまう輪子が、ゴージャスにおしゃれを楽しむドバイの女性に感化されて、「私なんか」を捨てられるようになる……という流れがメインとなっている。自己肯定感が低いすべての人々に対しての、応援に溢れたストーリーだ。

「自分が好きで　それを全身で語って　何が悪いというのだろう!」
「――好きだよ　ワタシ……」

――漫画『だから私はメイクする』祥伝社

他人を美しくする側だった輪子が、施術を受けて、一糸まとわぬ姿の自分を鏡で眺めながら人生で初めて発する「好きだよ」には、どんな恋愛漫画の告白にも負けないエネルギーと切なさがあって、コミカライズ作品を読むたびに泣くし、石川恋《れん》さんが情感を込めて演じたドラマ版でも泣いてしまった。〝自分のため〟を楽しんでいい人間の頭数に自分も入ることを認めるには、勇気がいる。わたしは、輪子の勇気に励まされたのだ。この勇気は、ツキノワグマさんが日本を出て受け取ったものでもある。すべての人のメイクする理由がちょっとずつつながって、「好きだよ　ワタシ」になったのだ。

作品名で検索すると、さまざまな女性がドラマを観て、〝自分のため〟によそおう／よそおわないことを決意しているのが垣間見れる。『だから私はメイクする』の世界が続いていくことで生まれるつながりに、希望を持っている。

私たちのための抵抗

一方で、他人の事情を知れば知るほど、自分には干渉し得ない絶望が存在することにも直面する。世の中には、「好きだよ」を言い通せない環境にある女性たちが山ほどいるからだ。その重みに思いを馳せるきっかけとなったのが、アルジェリアを舞台にした

『パピチャ 未来へのランウェイ』という映画だ。ちょうどドラマが終わった時期にふと情報を見かけて映画館に出かけた。観終わった日は茫然としていた。

本作の原題は『Papicha』。アルジェリアのスラングで、「愉快で魅力的で常識にとらわれない自由な女性」という意味だ。主人公は、まさにこの言葉にぴったりな快活さととびきりのセンスを備えた女子大生・ネジュマ。フランス語を専攻しながら、暇さえあればクロッキー帳にドレスのデザイン画を描きつける彼女の夢はファッションデザイナーだ。いつか自分の店を持つことを目標に、大学の寮を抜け出しては深夜のナイトクラブに通い、その化粧室で自作ドレスの注文をとり、売り捌いている。本作では、彼女が友人と協力してファッションショーを開くまでの様子が描かれる。興味を持った時点では、きっと、メインビジュアルで遠くを見つめる少女たちが、苦境に負けず自分の夢を貫いて、しあわせを得る話が展開されるのだろう……と、思っていた。

しかしスクリーンで待っていたのは、想像を絶するほど過酷な物語だった。それもそのはず、ネジュマが暮らすのは、1990年代のアルジェリア。政府の姿勢や経済政策に不満を持った若者を中心にイスラム原理主義過激派の反政府組織が台頭、10万人以上の死者が出た《暗黒の10年》の真っ最中だったのだ。

ナイトクラブに向かう途中で過激派の検問に遭遇すれば、慌ててヒジャブを被り、メイクについて「結婚式の帰りです」と嘘をつかなければならない。町中には「女性の正しい服装」として黒一色の身なりをした女性が描かれたポスターが貼られていく。髪を出してバスに乗っているだけで、過激派の若者に無理やりヒジャブを押し付けられる。服を作る布を買いに行っただけで、店員から「女子供は男家族の稼ぎで暮らすべきだ、働かずに家にいろ」と言われる（母子家庭だと反論しても、だ）。それどころか、ジャーナリストとして働くネジュマの姉が、おそらくヒジャブを被らずにフランス語を使う西洋的文化人であることを理由に、名も知らぬ過激派の人間に、暗殺されてしまう。ネジュマと笑い合った数分後、なんのドラマティックな伏線もない日常の延長線上、彼女の目の前での出来事だった。

《暗黒の10年》の描写はあまりにも生々しく、客席にいるこちらすら、だんだん呼吸ができなくなっていった。わたしは安易な予想をしたことを恥じた。反面、思いがけない驚きもあった。ネジュマが、自分の夢を貫くことを最後まで選び続けたことだ。

何度も泣くのに、何度も苦しむのに、後悔していることもたくさんあるだろうに、ネジュマは決して屈しない。ナイトクラブに通い続け、過激派のポスターに落書きをし、押し付けられたヒジャブを拒否して、バスを降りる。彼女はごく普通の女の子だから、相手が銃を持っていれば怯えて逃げることもあるし、姉の死後は、彼女のあとを追ってしまうのではないかと思えるほどの憔悴も見せる。それでも、ネジュマは社会の要求に応じないし、恋人の提案を受け入れて安全な国に移住することも選ばない。どうしても諦めたくなったときには、友人の一人が彼女の背中を押す。ずっとネジュマを眩しく見つめていた、仲間の中で最も臆病に思えた女の子が。

ネジュマと、彼女の友人たちを突き動かしたのはなんなのか。それはもはや自分のためによそおいたいという夢ではない。いや、彼女たち一人ひとりの夢が、すべての女性のためにも捨ててはいけないものになっていった、と言うほうが正しいかもしれない。自分のためによそおうことが、〝私たちのため〟の抵抗になっていくのだ。

映画はフィクションだが、監督のムニア・メドゥールのインタビューによれば「部分的には自伝映画」であり、「主人公の少女たちが大学構内で体験することはすべて、90

年代に現地の女子学生が日常で体験していたことそのまま」だという。世の中には、好きな格好をしただけで女性が殺される国があり、なんなら日本だって、時代によってはその危険があった。わたしが自分のためのよそおいをできるとき、それはわたしだけの自由ではない。手前に無数の、ささやかなものを犠牲にさせられた人たち、犠牲にすることを厭わず闘った人たちがいる。

2019年に封切られ、カンヌ国際映画祭への正式出品、アカデミー賞国際長編映画賞の代表選出を果たした『パピチャ』は、アルジェリアで上映されていない。政府からの圧力があり、プレミア上映を中止せざるを得なかったのだそうだ。《暗黒の10年》は終わっても、政情不安の残るアルジェリアのジェンダーギャップ指数は世界140位。※かなり低いが、日本も116位なのであって、ものすごく差があるわけではない。「アルジェリア 女性」で検索したところ、数年前の写真で、髪の毛をさらけ出した女性たちが集まり、抗議している様子を写したものが出てきた。19歳の女性が

（※）世界経済フォーラム Global Gender Gap Report 2022より。

性的暴行後に殺害された事件を受けて行われた、加害者への厳罰を求めるデモを伝える報道写真だった。事件は凄惨であり、いまだアルジェリアの女性たちが苦境にあることには変わりないが、〝自分のため〟の格好をしている女性たちがいるのを見られて、ほんの少しだけ安心した。

〝自分のため〟を貫きたい

『パピチャ』は、とても誠実な映画だ。自分を貫いた先に必ずしもしあわせがあるわけではないことを描く。しかし、〝自分のため〟を貫く勇気には、どんな時代でも意味がある。それは自分のためだけではない、誰かのためにつながっている。『パピチャ』も、束の間の希望やしあわせの代わりに、彼女たちがつかもうとした未来の意義が見える結末となっている。

わたしたちの〝自分のため〟の先にもきっと誰かがいる。今の日本ですら、目に見えず犠牲になっているものがあるからだ。性的被害にあったあとに「スカートが短かったからだ」と言われるとか、逆に化粧をしないがゆえに「ブス」と中傷されることがあるとか、そういう形によって。90年代のアルジェリアでメドゥール監督が経験したように、気がついたら制限されるものが増えていくこともありえる。わたしが『パピチャ』を観て一瞬絶望したのは、地続きに存在しているものに目を向けさせられたからかもしれない。

もちろん、したいおしゃれを貫くことだけがフェミニズムではない。現在、韓国では「脱コルセット運動」が起きていると聞く。この運動は女性が「したい」はずのおしゃれや身嗜みは結局、マナーとして家父長制社会から押し付けられている枷だと批判する。そうして、メイクを拒否し髪を短く切るなど〝女性らしい〟美のステレオタイプを拒否することで、革命を起こそうというフェミニズムの動きだ。近年どんどんカジュアルに、魅力的なものとして扱われている美容医療や整形の資本主義ビジネスとしての大きさや、そこに隠されたリスクを考えれば、彼女たちの主張は、少なくとも韓国ではかなり妥当だろうし、日本でも〝したい〟おしゃれと〝させられている〟おしゃれの区別は本当に難しいと感じる。脱コルセットに共鳴する人からすれば、『だから私はメイクする』のメッセージを欺瞞と感じるかもしれない。

それを踏まえた上で注意したいのは、脱コルセット運動参加者の言説に〝女性らしさ〟の否定と結び付けてトランスジェンダー排除を煽動する内容があり、これに影響されたSNSアカウントなどが日本でも見られることだ。自分がとらわれ傷つけられた固定観念から自由になりたい切実さは理解できるが、それを免罪符に他者の存在を否定し生存を脅かすような差別を行うこととは、断固として距離を置きたい。

知らず知らずに闘わされているものがあること、自分たちの足元は心許ないということ、今この瞬間の〝自分のため〟がいつ崩れるかわからないということ。そういう大きなものに負けたくない誰もがメイクする／メイクしないどちらの選択肢もとりうる社会になってほしい。

きれいごとに聞こえるのを覚悟しつつ、わたしも迷いながら揺らぎながら、自分のためのメイクについて考え続けたい。

王子様にはなれずに生きる

かなわない願いがある。湿度の高い夏の夜、浅い眠りにまどろんでいるときに、それを夢として見る。

同じ傘をさしながら塀の脇を歩く、セーラー服の少女と学ランの少年。セーラー服の少女が雨に濡れないように、学ランを着たわたしは腕をこわばらせて傘の角度を調整し続ける。傘を気にしているふりをして、こっそり少女の顔を見る。長い睫毛と白い頬を、気づかれないように見つめる。気づかれそうになったら、傘に目をやる。それを繰り返しながらどこにもたどりつかない道を永遠に歩く。目を覚ます。汗がうっすらにじみ、後頭部がずきずきする。夢だったなとわかる。わたしたちは同級生のときもあるし職場の同僚のこともあるし、道で偶然知り合った初対面同士の男女のこともある。

いずれにしても、わたしたちはこの人生でそのように出会うことはない。わたしは彼女の子供であり女であるから。

もっと別の形で出会いたかったな、と思う相手は人生にたくさんいるが、一度だけその願いをかなえてもいいと言われたら、どうしても母の名前を挙げる。一番好きだけれど一番遠くて、一番傷つけ合ってきたとも思う。「あなたには家族の情ってものがない」「もう他人だから出ていけ」と言われた次の日には「こんな気持ちにしたまま家を出ていくなら許さない」と引き戻され、28年も同居してしまった。「そういうとこほんと、パパに似てる」という言葉が特にしんどかった。「似ている」という言葉にはその個人の人生を否定する威力がある。褒め言葉であっても、極力使わないようにしている。

〝家族〟を強いられ、強いさせていた

世界中の男がうっすら嫌いだ。父のことは純粋に嫌いだが、それ以外の男のことは羨ましいから嫌いだ。わたしの母を救うことができるから。

わたしの母はそのように外側からやってきた一人の男に連れ出されて、わたしが中学生だったある日、家に帰ってこなくなった。いやそれは誇張で、毎日必ず家には戻ってきていた。家事をして子供たちを学校に見送り、パートにも出ていた。しかし明け方、チェーンのかけられた正面玄関ではなく、裏庭に面したわたしの部屋の窓から帰ってくることが増えた。母の人格を否定しスイッチが入ると1ヶ月でも会話を拒絶しリモコンや皿を投げて暴力を振るう配偶者から逃げる糸口を見つけたなら、さっさとすべてを放り投げて遠くへ行ってしまえばよかったのに、彼女はそれをしなかった。見上げた精神力と責任感だと思う。彼女は意志の力で〝母〟であることを継続していた。それでもあの時期は家の住人ではなくなり、〝家族〟の枠からはみ出していた。

明け方に帰ってきた日の母は、生き生きして見えた。子供たちの塾の送り迎えをしているときや、父親があとからひっくりかえすこともある料理を作っているときより、間違いなくしあわせそうだった。わたしも嬉しかった。〝家族〟を強いられ、強いさせている時間は悪夢だった。生まれたときに母が専業主婦になることを余儀なくさせ、それからずっと母を苦しめる〝家族〟に荷担している自分の存在が憂鬱だった。離婚できないのは明らかに子供たちがいるからだった。早く、離婚してほしかった。二人が別居したときはとても嬉しかった。当然、わたしと弟は母についていった。かつては家族での海外旅行に使っていた大きなスーツケース二つをゴロンゴロン転がしながら母方の祖父母の家に向かったとき、わたしは一人だった。三人まとめて家を出るとバレるから、ということだったのだろうか。あの瞬間、わたしは自由だった。スーツケースを二つ転がすのはしんどかったが、不思議と身体は軽かった。最高にハッピーだった。

両親が別居して調停をして正式に離婚が成立するには、それなりに時間がかかった。わたしと弟は離婚後も母に引き取られた。父は大手企業の管理職をしており、養育費の支払い義務を有していた。それは払われたり滞ったりした。母はどうにか正社員の職を手に入れた。わたしと弟が私立中高一貫校に在籍していたことがアピールポイントになり、教育関係の企業に滑り込んだのだそうだ。彼女が新卒入社したのはコンピュータメーカーで、わたしを産んだあとに正社員に復帰しようとして内定を得たが結局父方の祖母に反対されて断念したのは、とあるカード会社社長の秘書職だった。彼女は、若い頃彼女がやりたかった仕事に戻ることはなかった。やりたいわけではない仕事で、母は必死でわたしたちの面倒を見た。

離婚の一因とされた男は裁判のすえ父に慰謝料を払ったが、まだ母と付き合っていた。『DEATH NOTE』を全巻貸してもらい、母づてに感想を伝えたのだけはやたら覚えている。名前も顔も知っているが、一度も直接会ったことはない。彼の名前をわたしも弟も別居や離婚の過程で知っていたが、家では「太郎」と呼ぶことになっていた。この文章だけの仮名ではなくて、本当にそう呼んでいた。わたしの命名だった。実名で彼の話をしないことで、すべてを現実として受け止めるのを避けるような、つまり母がわたしたちの母以外でもあるということに目をつぶっていられるような、そんな気がしていたのだろう。母もそのほうが楽だったのだろうか。今でもごくたまに彼の話をするときは「太郎」と言う。母より16歳年下で、わたしより12歳年上で、母からとても優しく明るい人だと聞き及んでいたが、結局二人は別れた。男の母親の反対があったと聞いている。

わたしは男のことはもうなんとも思っていない。母やわたしたちが脱出するきっかけをくれたわけだから。ただ、わたしの母をそのように拒絶した男の母親のことはまだ許していない、ような気もする。

永遠に失われている可能性

父のいない新しい家で、母はふたたび〝家族〟を強調した。

「父と自分は血がつながっていないが、自分とあなたたちは血がつながっているのだから、この血がつながっている三人が本当の家族なのであり、前以上に協力し合わないといけない」

それを言うならわたしと弟は父とも血がつながっているので、わたしたちは母と同様に父を大切にし続けないといけないはずで、ちょっとおかしい。しかしあの頃は、母も、専業主婦からいきなり子供二人を養うことになったプレッシャーと疲労で、心が決壊しそうになっていて、そういう理屈が必要だったのだと思う。電話で部活の先輩に敬語を使っていたら、泣かれたことがあった。家族のことは顧みないのに、外の人間にはそんなふうに優しくするのか、と言われた。言いがかりではと思ったが、わたしが受験を言い訳に家事をほとんどせず母や弟に頼りきりで母のストレスをためていたのは事実なので、わたしが悪い。素直に謝っていた。

落ち度は認めても、わたしは引き続き友達にはとことん優しくし、母と弟にそれをしなかった。その有り様は、母と喧嘩すると子供との外出の約束を破って1ヶ月緘黙《かんもく》することもあった父のコミュニケーションのあり方と、きっと本当に似ていたのだろう。図星だからこそ「似ている」と言われると傷ついた。言われれば言われるほど、自分勝手に生きたくなった。といっても、バイトに精を出して家を出たり、グレて遊び歩いたりしたわけではなかった。家と学校を往復してよく勉強し、インターネットに引きこもっていた。わたしが怒られて、弟が母親をいたわり、しかし、女同士ではないと言えない悩みとして、母と恋人の話を聞く仕事がたまにわたしに振り分けられた。

「あなたが太郎と付き合って結婚して、みんなでいっしょに住めたらいいのにね」と言われたことがある。

男の母が介入してのいざこざに疲れきって口走った一言を、母は覚えてないかもしれない。もちろん本気ではなかったと思う。実際、彼とわたしは一度も会わなかったわけだし。でも本気ではないことでも、口にされてしまったら、なんらかの引力を生じるものだ。高校生のわたしは、会ったことのない人だけど『DEATH NOTE』全巻持ってるし、母がしあわせになれるならそれがいいのだろうか、と一瞬は確実に思った。母と太郎の年齢差より、わたしと彼の年齢差のほうが小さいし、わたしと彼が結婚するなら、彼の母も文句は言えないことだろう。しかし、あまりにもまどろっこしいなとも思った。わたしが太郎で、その母の言うことなんて聞かずに、母と結婚できたらいいのに。いや、太郎でなくてもいいのだ。わたしが外部の、無関係の、男であったら、もっと早く、この家族とかいう容れ物を徹底的に壊すことができたんじゃないか？　父のコピーであると同時に母の劣化コピーでもあり、女であるわたしには、永遠に失われている可能性。母を恋愛対象として好きなわけではないけれど、わたしは母と結婚できない自分の欠格を思い、太郎が羨ましかった。

「今年私、母が私を産んだ年齢になったんです。さすがにそろそろ結婚を考えちゃうんですよねえ」

自分の母が自分を産んだ年齢の話をする女は多い。わたしはいつも不思議になる。何歳なんだったっけ？　思い出せない。わたしはその年齢よりも、母と知り合ったときの太郎の年齢のほうを思い出す。26歳。わたしはあのときの彼の年齢をもう7年も過ぎているけれど、まだまだ自分と母の距離感の正解を見つけられていない。28歳で実家を出てからはそれなりにうまくいっている。

母は自分で自分の人生を楽しくやっている。引き続き働き、学生時代からの友人や、職場で知り合った女友達などと、元気に出かけている。

わたしと母の関係は概ね良好なのだが、うっかり実家に滞在すると、時間が巻き戻り、甘えすぎて搾取しすぎて喧嘩してしまう。1年のイギリス留学にあたっても、引越しの準備に郵便の受け取りに公的書類の手続きに、とすべて母頼りで、最初は尽くしに尽くしてくれた母にわたしがもたれかかりまくり、最後にはまた喧嘩になってしまった。母と違う形で出会いたかったと言いつつ、わたしは血のつながりと歴史の重なりと母の責任感と家族への愛情にどっぷりと頼り、傷つけ合う痛みも含めて自分の存在確認としている。違う形で出会える機会をもらったとしても、わたしは母の娘に生まれることを選び、彼女を搾取するのだろう。

自分の人生を肯定するためにも

自分の責任で何かがうまくいっていないとき、女友達を母の代わりにし尽くして搾取してこじれたあとは、結局母に連絡して暴発を受け止めてもらってしまう。女友達はわたしの母親ではないからわたしを拒絶する権利を行使するが、母はわたしの母親であるので、怒り、疲れながらも、それを行使しない。きれいごとを言って被害者ぶってみても、わたしの自己肯定感のいまだ30パーセントほどは、母に見捨てられることがないことに頼っており、母がわたしを見捨てはしない理由に、母が一生懸命わたしを育てる中で個人を優先したときのことを含めている。

母は母としての責任をまっとうした。わたしは母をもう自由にしなければならないと思う。「毒親」という言葉に救われる人がいるのは知っているが、わたしはその逆に、過去のわたしの傷つきに甘えて母を縛り付けている瞬間のわたしの有害性を思う。母がしんどいのではなく、母に頼るのをやめられない自分がしんどい。母は母で、わたしが頼りすぎると怒るのに、「最後に頼れるのは家族でしょ」といまだに言う。呪いのように言う。それを事実にしてしまっているのは、わたしの甘えだ。

女友達との関係や下の世代への責任以上に、母との関係の再構成こそが、わたしがためらいながらもフェミニズムと向き合う最大の動機なのだろう。アニメ『少女革命ウテナ』で「決闘」の賞品として奪い取られていた薔薇の花嫁アンシー。家父長制の犠牲者たる彼女を救おうとして、「王子様」を目指したウテナにわたしが肩入れしているとき、アンシーに重なっていたのは、女友達の誰でもなく、母だった。

男じゃないから、血がつながっているから搾取が勝ってしまい本当には尊重できない、というのはわたしに都合がいい大嘘だ。母の人生を尊重することが、母とわたしの人生の区別の確認であり、いつかわたしの人生の肯定にもなるとわかっている。それは願いでもなく夢でもなく、この人生でやらなくてはならないことだ。男じゃなくたって、実の子供のままだって、わたしにはそれができる。そう思うことから、始めなければならない。

あなたはフェミニストですか？

1年間の大学院留学を終えて、日本へ帰ってきた。晴れて修士！といった誇らしさや満足感はさほどない。甘い見通しでとんでもないことに足をつっこんでしまったが命からがら生還できた……という安堵感が正しい。寮の部屋にこもって15000ワードの修士論文を書いていた夏の3ヶ月の記憶はかなりおぼろげだ。自炊する気力が完璧に消失して、毎日徒歩5分のスーパーで買ってきたクロワッサンとラザニアとピザばかり食べていたら2キログラム太った。

feministとfeminismとgenderがゲシュタルト崩壊しそうなほど出てくる論文をくる日もくる日も読み耽り、教員からは「フェミニストの皆さん！」といった呼びかけのメールが届き、毎週学生同士でフェミニズムに関わるトピックをプレゼンし合う「フェミニスト・ワークショップ」の時間が設けられているコースに在籍していたが、自信を持ってフェミニストと名乗れるようになったかというとそんなことはない。むしろ、自分はまだまだフェミニストは名乗れないと思ってしまった。フェミニストの皆様におかれましては、こいつまじで腰引けてんな、と慄くかもしれない。わたしもこいつチワワすぎるだろ、とは思っている。いかなる批判も覚悟している。それでも、わたしの場合はフェミニストの言葉や知識に寄りかかることで傲慢になりそうな自分が怖い。というか、なってしまったのだ、実際。

長年の友達を泣かせてしまった

留学当初のわたしはめちゃくちゃ弱気だった。日照時間が東京の5分の1というロンドンの過酷な冬の洗礼を受け、パブでおとなしめの飲酒で心を慰めたあとに財布と在留カードを盗られて落ち込んで、ついでにコロナにも感染して、在留カードの郵便受け取り（本人確認必須なので寮にずー――っといる必要あり）に2週間失敗し続けてノイローゼになりかけ、もうこれレポートとか書いてられないかも……授業の英語全然聞き取れんし……授業自体ストライキで10週近くなくなっちゃったし……とメンタルがごろごろと坂をくだり、大学院の退学要項を眺める日々を送っていた。それでもなんとか書き上げた冬学期のレポートの評価が、思いがけずよかったことから、調子は上向き始める。採点官のコメントには「イノベーティブでクリエーティブ！」と書かれていた。

植民地主義とジェンダー二元論の共犯関係を指摘する論文はおぞましくも刺激的でいくら読んでも飽きなかったし、トランスジェンダー当事者である同級生に誘われて人生で初めてのデモにも参加し、NHS（国民保健サービス）のセンター前で地面に寝転がるというプロテストを行った。頭と身体が新しい情報を受け取ることに慣れてきたら、「フェミニズム、わかってきたかも」「今のわたし、フェミニズム実践できてるかも」という気になれた。それまで「うーん、わたしにはわからない……保留……」となっていたジェンダーやセクシュアリティをめぐる議論に関しても、ずいぶん自分の意見を持てるようになった。あれこれあって東京で消耗していたわたしは、勉強という行為に久しぶりに身を浸し、元気になった。

しかし、である。知っている、わかっているという感覚は、ときに人を傲慢にするものである。そのことをわたしが身にしみて感じたのは、日本への一時帰国中だった。知人女性と会った際に、自分が得た知識や昨今のSNSでのフェミニズム的トピックに関する自分の意見を嬉々として並べ立てていたら、その相手を泣かせてしまったのだ。その人は10年以上知り合いで、いつもわたしのどんな話にも穏やかな相槌を打ってくれる人で、そんな反応をされたのは初めてだった。

その日の彼女はたしかにいつもよりも硬い表情をしていたし、細かい否定が多かった気もする。ねぇりこさん、と彼女はわたしを10年前のハンドルネームで呼んだ。

「でも、女性の身体にそんなに価値を置いていてつらい思いをしている男性がいるなら、私は大してこんなものに価値を置いていないから、なんか、分け与えてあげたほうがいいって思っちゃうんだよね。たぶん、これはこれで男性蔑視なんだろうけど」

わたしたちは処女こじらせ腐女子として仲良くなった。だから、彼女が生身の男性に苦手意識を持っていたのは知っている。しかし近年は信頼できる男性のパートナーと出会い暮らしているとも聞いていたので、そんな意見を返されるとは思っていなかった。

わたしは飲んでいた青島ビールから顔をあげた。

「えっと、そもそも女性の身体が手に入らないとつらいという感じ方自体が家父長制の悪しき産物なんだよ。それをあなたが本当に不快に感じていないのだとしても、肯定してしまうと、よくないと思わない？」

わかってるよ、と彼女は言う。声はどんどん小さくなっていったが、彼女は続けた。

「この前、在宅勤務で運動不足だなと思って、近所のフィットネスジムの体験に行ったのね。そうしたら案内についた人が、トレーニングマシンの使い方を説明するときに変な触り方をしてきて」

「それは、男性？」

「そう。そういう触られ方をしたんだけど抗議できる状況ではなかったから、私は泣き寝入りをしたのよ。それを付き合っている人に愚痴のつもりで話したらすごい怒って。そのジムの運営会社に抗議メールを送ると言われたの」

「そこまで考えてくれるのは、本当にいいパートナーだね」

「私は最初、そこまでする？と思った。銭湯とかでも思うけど、女だろうが男だろうが、裸なんてただの服着てない人間じゃない？　それに対してものすごく価値を感じる人たちって気の毒だなという気がするし」

「怒ると、価値を感じないはずなのに侵害を受けたことになっちゃう？」

「私は、そう思ってた。今もそう思っちゃう。でも、彼が書いてくれたメールを読んだら、私、すごい泣いてしまったの。私はこの人が大事にしているほど、自分の身体を大事にできないんだなってわかった。なんだろう、話がずれちゃったかもしれない」

彼女の声は湿り気を帯びてきた。わたしはそれに気づかないふりをするしかなかった。

「いや、全然ずれてない。大丈夫」

「今日りこさんに聞いたフェミニズムの話面白かったし、自分も勉強したい気持ちはある。でも私は自分のためにすら声を上げられない。私の彼はフェミニストかもしれないけど私はフェミニストじゃないように思うんだよね」

もう結構飲んだし今日はこれで終わりにしようかと言ったのは彼女だった。店員を呼び、わたしの分も会計を支払おうとした。どうにか止めて、割り勘にしてもらった。

わたしが悪い、と思った。謝りたかったが、口がとっさに動かなかった。何も言わないまま、駅で彼女と別れた。

フェミニズムに対して屈託がある女性を無意識にフェミニズム的正論で「説得」しようとしたのは、明らかにわたしの傲慢だった。本当は言葉をぶつける前に、彼女の屈託の理由をよく考えるべきだったのだ。立ち止まるべきだった。イノベーティブでクリエーティブとか言われて浮かれているお調子者のせいで、この日、彼女はしゃべらなくてもよかったことをしゃべって、傷つきを反芻《はんすう》することになってしまったのだ。

まだ「わかっていない」自覚のために

「正しく」世界を認識すれば、ジェンダーをめぐる差別をなくすことに女性はみんな同意するだろう、とわたしはうっすら思っていた気がする。

「お堅い」「口うるさい」のようなネガティブイメージからフェミニストやフェミニズムを嫌悪する人のことは理解できる。わたしの通っていた大学院で教えていたが学内でのハラスメント問題をめぐる大学の対応に抗議をしてポストを捨て、今は在野で研究をしているサラ・アーメッドというフェミニストがいる。彼女はフェミニストを"killjoy"という言葉で形容する。興醒めさせる人、興を削ぐ人という意味だ。"Feminists might be strangers at the table of happiness"（フェミニストは幸福のテーブルにおいてよそ者かもしれない）と表現しつつ、killjoyであれとアジテートする彼女の論文"Killing Joy: Feminism and the History of Hapiness"を授業で読んで、かなり勇気づけられた。

一方で、日本で身近な友人にフェミニズムの話をしてみると、「正しい」「強い」フェミニストのイメージゆえに、自分にはフェミニストの資格がないと思っている人が多いことに気づく。わたしにも依然としてその抵抗感はある。無謬《むびゅう》であること、責任を持つこと、覚悟を持つこと、盛んに声を上げること、連帯をすることなどを背負えるほど十全にフェミニストではないと思っていた。でも、それとは別に「自分のために声を上げられなかった」という傷つきがあるがゆえに、フェミニズムから遠ざからなくてはならない人たちがいるのだということを、わたしは彼女が中華料理屋で涙を見せた夜に、やっと理解できたのだった。

正解はないのだと思う。killjoyとしてのフェミニストは、そういう傷つきを可視化することも「興醒め」として覚悟しているのかもしれない。あんた生温いよ、と呆れる人もいるのだろう。

それはフェミニストを名乗る／名乗らないの問題ともまた別だ。フェミニストを名乗るのにはなんの資格もいらない。フェミニストが全員無謬ということも全くない。中途半端なフェミニストも差別的なフェミニストもいるのは、インターネットを見ての通りだ。中途半端さや差別性が個別に批判されることはあってしかるべきだが、他人が「フェミニストの資格がない」と言うことはやはりできない、とわたしは思う（また、フェミニストだからということで厳しく糾弾される傾向も、非常に深刻な問題だ）。という考え方でいくと、わたしだってもうフェミニストなのだし名乗るべきときには名乗ればいいのだとは思う。これはハイチ系アメリカ人の作家、ロクサーヌ・ゲイのエッセイ集『バッド・フェミニスト』により、それなりに浸透した考え方と言える。この本で自分のだめなところや認知の歪んでいるところをぐだぐだと書いたのも、自分なりに「バッド・フェミニスト」にならうべく「正しくなくてもフェミニスト」であると宣言しようと試みたからなのだ。

しかし書けば書くほど、この「正しくなくてもフェミニスト」であることに寄りかかって傲慢になったり権威的な意識をまとったり加害したりしかねない自分が怖くなっている。「勉強」は何もえらくないとわかっているのだが、勉強すると自信がついてしまうのが恐ろしいし、かといって勉強が不要というわけでもない。難しい。

わたしはフェミニズムのことをわかっていない、女のことをわかっていない、世界のことをわかっていない。そうした事実をいつでも忘れてしまう。そもそも適切に「正しい」「正しくない」という言葉を使える人間なのか？　「わからない」という意識を持ち続ける上で、わたしの場合は、フェミニストをまだ名乗りきれない、という自認がひとまず必要なのだと思う。〝正しさ〟の前で立ち止まっている人たちに接続する方法で、自分のあらゆる文章に自分なりに自分のフェミニズムをひそませていくための、それがスタート地点。ここから、わたしが見過ごしていることの多さを思い知っていきたい。だから、わたしは毎日この問いを自分に問うし、この問いのいろいろな答えを知りたいし、それができるだけの信頼を、周りと築いていきたい。「女」を引き受けている人とも、そうではない人とも。焦らず、お互いにとって適切な速度で。それもまた、フェミニズムの実践だと思うのだ。

あなたは、フェミニストですか？

Afterwords　おわりに

腹の中に溜まった泥水を吐き出すような気持ちで、この本を書いた。押し付けられた支配の構造から「男だから／女だから」と目をそらすのを、都合のいい共依存を「家族だから」とごまかすのを、ひとりよがりな承認欲求を「愛だから」と美化するのをやめるために。

人に泥水飲ませるなよ、と言われるかもしれない。でも出生時に「女」のラベルを貼られ、受け入れつつも気持ち悪さを感じながら30歳を過ぎてしまった人間がそのことを書くとき、清らかで喉ごしのいい文章にはなりようがなかったのだ。

みっともなくても書くべきだと思うことがたくさんあった。ルッキズムやエイジズムを内面化してしまっている自分、ハラスメントに抵抗しきれなかった自分、異性愛規範に居心地の悪さを感じつつも結局外形的にはヘテロセクシュアルとして振る舞って安穏としている自分、自意識が変な具合にこじれた結果いまだに他者と衝突しまくっている迷惑な自分、どれだけ慎重に書いても人生の中で刷り込まれたジェンダー／セックスやセクシュアリティへの二元論的《バイナリー》な固定観念がにじみ出てしまう自分……。さまざまな〝正しくなさ〟に向き合い、捨てたいけれど捨てきれない自分をさらけだすことが、この本を書き上げるには必要だった。

『浪費図鑑　―悪友たちのないしょ話―』をはじめオタク女子の友人とのユニット・劇団雌猫として手掛けた書籍はすでに10冊を超えている。個人名義でも2021年、『沼で溺れてみたけれど』という単行本を出した。しかしそれらは、他人から聞いた話をベースに構成していた。自分の話で埋め尽くしたのは本書が初めてだ。これほど、知り合いに読まれたくない……と思った本はない。

本書の元となったウェブ連載がスタートしたのは2020年。わたしは当時、IT系のメディア企業に勤めながら、ライター活動をしていた。ありがたいことに感想を伝えてもらえることは多く、励みになった。一方で――あくまでわたしの問題なのだが――身近な人間やソーシャルメディアの反応を感じながらものを書くとき、どうしても文章で〝いい顔〟をしている自分がいるのに気がついていた。自分の〝いい顔〟癖を自覚し、伝えたいことを伝えることを優先しようと決めたら、加筆や書き下ろしのアイデアが出てきた。ソーシャルメディアになくて本にある、書き手と読み手の間の距離と空間が、わたしを自由にしてくれた。

バランスを考え明るい読後感の文章を入れるか悩んだのだが、「一つの方向に振り切ったほうがいいよ！」と断言したのが、友人であり歌人の上坂あゆ美だった。「100パーセントの念！」と脳内で唱えながら単行本作業をした。装画を担当してくださったばったんさんにはその点を巧みに汲み取った、生々しさと重力のある女を描いていただいた。デザインの岡本歌織さんも、本文のゆらぎを適度な距離感で包み込んでくれる、懐の深いレイアウトを考えてくださった。また校正段階でジェンダーやセクシュアリティ、フェミニズムにかかわる記述について、複数人のフェミニストにチェック・アドバイスをもらったことも記したい。みなさん、ありがとうございます。

エッセイ本というのは一般的にノンフィクションに分類される。わたしが経験した、実際の出来事に基づく本であるということは、たしかにこの本にとって重要だ。ただ一方で、他人の人生を取材して書いた前作と異なり、本書では、自分の主観を尊重することを第一にした。そのためには、自分という登場人物の感じ方をとことん掘り下げる必要があった。ある種、初めてフィクションを書くような困難さがあったように思う。もちろん、本書にも他人の発言や経験を詳細に取り扱った箇所はある。必要と判断した点は当事者に確認をとった。

自分にとってこの本の執筆はこれまでで最大級の覚悟を要したが、読み手の大半にとっては取るに足りないことの可能性もある。フィクション／ノンフィクション問わずこの世は物語で氾濫しており、みんな、より面白いものを摂取して得することに忙しい。それでも、この本が必要だったと感じてくれる人が世界のどこかにはいると信じてはいる。

よくも悪くももしこの本に何かを感じたなら、ぜひあなた自身の話をしたり書いたりしてくれたら嬉しい。自分の人生を取るに足らないものと思ったり正しくないものだと恐れたりしながらも、開き直って書き残す人が増えてほしい。女をやっていく／やっていかない、にかかわらずだ。それをわたしがどこかで目にすることを、心から楽しみにしています。

それでも女をやっていく

著　者　ひらりさ

2023年2月20日　初版発行

発行者　横内正昭
編集人　青柳有紀

発行所　株式会社ワニブックス
〒150-8482　東京都渋谷区恵比寿4-4-9　えびす大黒ビル
電話　03-5449-2711(代表)
03-5449-2716(編集部)
ワニブックスHP　https://www.wani.co.jp/
WANI BOOKOUT　https://www.wanibookout.com/

STAFF　装画・章扉イラスト　ばったん
デザイン　岡本歌織(next door design)
校正　麦秋新社
編集　長島恵理(ワニブックス)

印刷所　株式会社光邦
DTP　株式会社三協美術
製本所　ナショナル製本

※本書は小社WEBマガジン「WANI BOOKOUT」で2020年5月～2022年8月に連載した「それでも『女』をやっていく」をもとに、大幅に加筆・修正したものです。

ISBN 978-4-8470-7281-9